本书受吉林财经大学一般项目
"需求冲击下融资模式选择驱动企业创新的机理与实现路径（2022YB028）"资助

中国制造业
资产配置与债务融资

ASSETS ALLOCATION
AND DEBT FINANCING OF

CHINA'S MANUFACTURING INDUSTRY

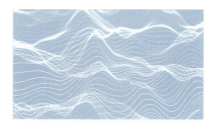

耿丹青 著

社会科学文献出版社
SOCIAL SCIENCES ACADEMIC PRESS (CHINA)

摘　要

　　制造业是国民经济的基石，在当前中国经济新旧动能加速换挡的关键时期，合理规划企业资产布局、优化企业债务结构是化解市场负向冲击、防范债务风险的前提，也是制造业高质量发展的重要保障。党的十八届三中全会提出了"市场在资源配置中起决定性作用和更好发挥政府作用"，为治理杠杆和产能问题指明了方向。如何让市场机制在企业资产配置与债务融资行为中发挥决定性作用，以及如何使供给侧结构性改革的各项政策措施能够在尊重和适应市场规律的基础上发挥更积极的作用？要回答以上问题，前提是根据我国经济发展特征，深入而全面地剖析制造业企业资产配置与债务融资的市场行为规律。

　　本书以财务理论、计量经济学、统计学等为基础，立足于市场机制视角，结合中国当前的国情和经济现状，基于制造业上市公司微观数据，对中国制造业企业资产配置与债务融资行为的市场机制展开系统研究。第一，分析市场机制下资产配置调整对债务融资行为的影响，揭示市场需求与债务融资 U 形关系的微观形成机制。第二，以制造业上市公司数据为基础，实证检验需求冲击下制造业企业债务融资行为市场调节机制的非线性与非对称性特征，探索产品市场冲击下中国制造业企业债务融资行为规律。考虑到我国进入经济新常态后经济形势和市场环境发生重大转变，进一步实证检验了不同持续期的正向和负向需求冲击对企业债务融资行为的作用机制。第三，由于企业对债务的调整往往是在资产配置过程中产生的，因此将需求冲击、企业资产配置和债务融资行为纳入统一的研究框架内，将资产配置分解为反映资产规模调整的投资行为和反映资产利用效率的产能配置行为后，实证检验市场机制下新增投资和产能调整对企业债务融资行为的影响。第四，以探索符合市场规律的财政政策为出发点，实证检验需求冲击下不同财政支出政策对企业微观有息负债率和资产周转率的影响，在此基础上分析不同财政政策作用下企业资产周转率对有息负债率的结构性传导效应。

本书通过对上述问题的系统研究，一是为我国企业债务融资决策提供理论指导和实践依据；二是为探寻需求冲击下企业资产配置与债务融资的平衡点、实现"稳杠杆"与"稳增长"的双重目标提供新思路。

关键词：市场机制 债务融资行为 资产配置 财政政策 供给侧结构性改革

Abstract

The manufacturing industry is the cornerstone of a country's national economy. In the current critical period for quickly converting old economic drivers of Chinese economy into new ones, rational allocation of enterprise assets and capital structure not only establishes a way to eliminate negative market impacts but also gives strong support for the healthy development of the manufacturing industry. The idea of "letting the market play a decisive role in resource allocation and the government play its role better" proposed at the 18th CPC Central Committee offers a new way for regulating leverage and capacity-related issues. How to let the market play a decisive role in asset allocation and debt financing, and how to let the supply-side structure reform policies and measures deployed by the government play a positive role on the premise of respecting and adapting to market rules? To answer this question, an in-depth and comprehensive analysis must be first made on the market rules governing asset allocation and debt burden behaviors in the manufacturing industry based on the development characteristics of Chinese economy.

Considering China's present national and economic conditions, based on financial theory, econometrics, statistics, this book selects micro sample data of listed manufacturing enterprises to explore the market mechanism of asset allocation and debt financing behaviors. First of all, this book analyzes the impact of asset allocation on debt financing under the market mechanism and explores the forming mechanism of the U-shaped relationship between market demand and debt financing. Secondly, based on listed manufacturing enterprises' financial data, this book demonstrates the non-linear and asymmetric characteristics of the market allocation mechanism governing corporate debt financing behavior. Considering that China's economic situation and market environment have undergone significant changes after the entry of the new normal, this book further empirically testes the impact of the positive and negative demand shocks of different duration on debt financing behavior, exploring the debt financing behavior of China's manufacturing industry under the impact of product market. Thirdly, considering that firms' debt financing behavior is usually adjusted by enterprises in their asset allocation activities, this book introduces demand shock, asset allocation and debt financing behavior into a unified research framework, after decomposing asset allocation into investment behavior reflecting asset size adjustment and capacity utilization behavior reflecting asset utilization, we empirically test the impact of investment and capacity utilization adjustment on debt financing behavior under the market mechanism. Fourthly, in accordance with market rules to explore fiscal policy choice as a starting point, empirically tests the impact of different fiscal expenditure policy on the interest-bearing debt ratio and asset turnover ratio of the corporate under different demand shocks, and then analyzes the impact of asset turnover on interest-bearing liability ratio under the different fiscal policy.

Through the systematic study of the above problems, firstly, this book provides theoretical guidance and practical basis for the capital structure decision-making of Chinese enterprises; Secondly it provides new ideas for realizing the dual goals of "stable leverage" and "stable growth".

Keywords: Market Mechanism; Debt Financing Behaviors; Asset Allocation; Fiscal Policy; Supply-side Structural Reform

目　录

第一章　绪论

第一节　研究背景与意义

制造业是一国经济的根基。制造业的发展为改革开放以来中国经济的持续高速发展做出了重要贡献，也是新时期中国经济由高速增长向高质量发展的重要支撑和有力保障。然而中国经济进入新常态以后，突出的产能和杠杆问题制约了制造业的发展，阻碍了制造业产业升级的进程。叠加国际贸易摩擦和新冠疫情，国内外需求持续萎缩，这都将进一步加剧中国制造业产能过剩与债务规模攀升，给中国经济的平稳运行带来冲击。需要指出的是，产能过剩与债务攀升并不是互不相关的单一事件，融资并形成债务，以及作为其镜像的投资是工业化社会运行的必要条件。对于一个仅用几十年就迅速走向工业化中后期的后发经济体，中国制造业债务的上升具有经济基本面的支撑，并不令人担忧。但与"市场过热"时期加杠杆的情况不同，中国制造业当前较高的负债水平与近年来频繁的负向需求冲击有关，更与长期以来投资驱动增长模式下缺乏合理性的资产配置行为有关。因此，如何让市场机制在企业资产配置和债务融资行为中发挥决定性作用，让政府的供给侧结构性改革政策与措施在充分尊重和适应市场规律的基础上实现"稳杠杆"与"稳经济"目标的平衡，成为当前亟待解决的问题。

1

一　研究背景

在 2018 年政府工作报告提出的"三大攻坚战"中，风险防控居于首位，其中防控系统性金融风险是重中之重。中国金融风险的积累在很大程度上源于非金融企业部门债务的迅速攀升。根据国家资产负债表研究中心测算，2008 年以前非金融企业部门杠杆率一直保持在100%左右，2008 年至 2020 年 6 月末，该数据一路飙升至165.2%，远超 OECD 国家 90%的阈值。"去杠杆"的政策效果也仅在 2017~2018年有所显现，短暂抑制了企业部门杠杆率强劲的上升势头。

债务融资是企业经营的核心活动，关乎企业的生存与发展，是公司金融理论持续关注的重要课题。自 MM 理论提出以来，学者基于完美市场假设对企业资本结构选择进行了研究，形成了以权衡理论、优序融资理论、市场择时理论以及资本结构产业组织理论为代表的经典理论，关于这些理论实证检验的成果极其丰富，但是现实中企业债务融资行为选择依然存在着上述理论所无法解释的异象（潘敏、郭厦，2009）。更为重要的是，经典资本结构理论是基于西方发达国家经济背景提出的，西方学者对于企业融资行为规律的探索均是基于成熟经济体或者市场条件来讨论的，能否对中国企业债务融资行为给予合理解释依然存在诸多争议。

进行公司债务融资研究应该着重关注以下问题。

第一，自 MM 理论提出以来，经典资本结构理论通常将企业在产品市场上的收益假定为外生决定的，企业在产品市场的行为被简化为一个"投资—回报"的随机过程，与债务融资决策无关，因此债务融资决策的调整无须考虑产品市场环境因素。这可能是因为经典资本结构理论均是基于西方发达国家经济背景提出的，发达国家的经济发展水平相对稳定，市场供需基本平稳，即使市场出现短期波动也会迅速恢复稳态，这种情况下需求冲击对企业债务融资行为的影响可能会有所减弱。但对于处在经济转型中的中国则不然，市场供需形势频繁、强烈的波动，不仅改变了传统理论中债务融资决策与产品市场状态无关的前提假设，更改变了企业负债行为的决定机制，使债务融资决策呈现新特征。

第二，已有研究主要基于融资战术层面的"税盾效应"和"破产风险效应"分析市场冲击对负债水平的影响，而现实中债务融资主要服务于企业整体战略，且主要体现在债务融资决策与资产配置目标的协调关系上。尤其是对于中国这样一个新兴经济体，长期以来依靠投资驱动经济增长和发展，意味着公司资产配置与债务融资之间存在着密切的关系。而现有研究基本没有涉及资产配置调整与债务融资关系的分析与探讨，因此对于中国经济进入新常态以来，实体经济出现的产能过剩与杠杆过高的连锁反应难以给出清晰的阐释。

中国经济"去杠杆"并非一蹴而就，以简单粗暴的方式加速去杠杆化往往容易引发周期性的"繁荣—崩溃"现象，制约中国经济的可持续发展（马勇、陈雨露，2017）。以往的治理政策往往忽视了企业资产配置与债务融资行为之间的关联机制，"头疼医头、脚疼医脚"，将"去产能"与"去杠杆"二者分而治之。缺少统筹协调的治理措施，使得制造业企业在需求紧缩期的经营日益困难。供给侧结构性改革作为适应和引领中国经济新常态发展的重大创新和必要举措，其核心在于处理好市场与政府之间的关系，使市场在资源配置中起决定性作用。因此，探索中国制造业企业债务融资行为的市场调节机制，研究需求冲击，尤其是在负向需求冲击下企业资产配置与债务融资行为的关联机制，对经济新格局下供给侧结构性改革具有重要意义。

二 研究意义

改革开放后，中国经济经历了一段高速发展的黄金时期，GDP 年均增长率达 10%。2008 年的国际金融危机对中国经济产生了一定的冲击。随后的"四万亿"投资刺激政策使中国市场迸发出旺盛的需求，对制造业企业投资行为产生了强劲的诱导作用，伴随着高投资而来的是制造业负债水平的迅速攀升。随着中国经济步入新常态，市场需求的巨大变化直接导致前期大规模投资累积的产能无法及时退出，产能过剩问题涉及的领域越来越广，影响程度也越来越深，大大降低了企业资产运营效率，恶化了企业财务状况，进而导致企业负债水平居高不下。资产配置低效率成为制约制造业深化和升级的突出问题，不断累积的债务以及信贷资源配置结构性失衡为制造业健康发展埋下隐患。一旦遇到严重的需求萎缩，经营状况持续恶化将导致制造业企业难以偿还到期债务，容易引起较大范围的债务违约。

一方面，政府采用多种宏观调控措施和行政手段抑制投资过快增长，但仍有一批产能过剩的"僵尸"企业涌现出来；另一方面，政府制定了货币政策和财政政策，遏制企业杠杆率持续上升的势头，但企业负债水平仍居高不下，企业融资难、融资贵的问题仍然存在。在政府一轮又一轮的宏观调控和行政干预下，为什么企业部门杠杆率依然居高不下？"去产能"与"去杠杆"之间又存在怎样的关联机制？在企业对资产和债务资金配置的过程中，如何使"市场在资源配置中起决定性作用"的基础上"更好地发挥政府作用"，形成需求牵引供给、供给创造需求的更高水平动态平衡，化解资产和债务资本的供需结构错配，是当前中国经济发展过程中亟待解决的问题。

本书研究的理论意义在于，从公司整体战略视角探索了需求冲击下企业资产和债务融资的市场调节机制和传导机制。第一，突破传统的财务观，考虑产品市场需求冲击对企业债务融资行为决策的影响。第二，结合经典资本结构理论和企业投融资相关理论，将需求冲击、企业资产配置和债务融资行为统一到一个分析框架内，理论分析市场需求诱导下"投资潮涌"驱动的债务过度进入的形成机制,以及收缩性需求冲击导致的投资下滑和产能过剩对债务退出的抑制效应,为外部需求冲击与企业微观行为结合的相关研究提供了理论支持。第三,结合财政政策对需求侧的影响,分析不同需求冲击下投资建设性支出与社会保障性支出政策对制造业企业负债率差异化的影响。

在市场经济条件下,企业管理层会更多地关心市场环境的变化。一个企业生产经营状况的好与坏,不仅受企业自身内部特征的影响,还受外部市场环境的影响。每一家制造业企业面对需求冲击时,都会通过调整要素配置,使自身的生产经营活动适应市场需求的变化。一个企业家必须具备敏锐的洞察力,审时度势,及时协调投资、生产和融资策略,实现企业价值最大化。

本书的实用价值主要体现在以下三个方面。①通过揭示需求冲击下企业债务融资的行为规律,为新发展格局下企业进行更理性的债务融资决策提供参考和具有可操作性的实践指导。②在厘清市场机制下企业资产配置和债务融资行为的联动关系后,为进行供给侧结构性改革提供协调一致的"去产能"和"去杠杆"的政策建议,为实现"稳杠杆"与"稳经济"的平衡提供新思路。③从财政政策与市场机制相结合的视角,分析了企业部门高杠杆形成的市场机制和政策效应,详细地阐释了市场与政府调控对微观企业行为的影响,为政府实施宏观调控、制定政策和促进落实提供依据和建议。

第二节 相关文献综述与评析

一 影响债务融资行为的宏观经济环境因素

国外学者从宏观经济周期角度将经济周期波动与企业债务融资选择

联系在一起，探究宏观经济周期波动与系统性债务危机之间的关系。Fisher（1933）提出的"债务-通缩"理论认为，追求利润最大化的企业在市场繁荣期极有可能发生"过度负债"的现象；而在衰退期，为了能够按时偿还债务，企业会降价倾销商品，随着物价水平下跌和资产贬值，经营利润持续下降会加重企业债务负担。因此，他认为过度负债和外生冲击是经济波动的根源。Bernanke 和 Gertler（1989）提出了"金融加速器"理论，阐释了导致经济周期波动与金融动荡循环往复的微观机制。他们认为，在经济扩张期，企业良好的经营绩效以及资产净值的增加，降低了借贷双方的代理成本，并提高了企业的负债能力；与之相反，在经济衰退期，资产净值下降导致企业债务融资能力下降。而融资变化引起的投资与产出变化决定了经济状况，继而又影响企业经营状况、资产净值和融资能力，从而产生了一种加速器效应。

如果说上述研究揭示了宏观经济周期波动中系统性债务风险的形成，公司金融领域的研究则更注重对宏观经济波动中微观企业个体行为动机的研究。在资本结构理论的研究中，总需求的变动被认为是经济周期波动影响资本结构的主要途径。需求波动可以影响企业产品销售，进而改变企业的赢利能力、现金流量、偿债能力以及财务风险等，从而影响企业债务融资决策。Korajczyk 和 Levy（2003）实证研究发现，在经济繁荣期，融资约束轻、现金流充裕的公司将降低负债，负债率呈现逆经济周期变化，与优序融资理论一致；而融资约束较重的公司倾向于增加债务融资，负债率呈现顺经济周期变化，融资行为更符合权衡理论。Hackbarth 等（2006）建立了动态权衡理论框架，研究发现由于债务违约与经济波动下的现金流状况密切相关，在经济形势良好、市场需求上升阶段，债务违约阈值较低且负债的节税收益较高，企业应该增加债务融资；反之，在经济衰退期，企业最优的融资策略选择是减少负债。基于委托代理角度出发的研究将债务融资看作协调管理层与股东利益冲突的工具（Levy and Hennessy，2007），在经济繁荣期，管理层财富的增加缓解了其与股东之间的委托代理冲突，股权约束放松，企业将增加股权融资的比重；而在经济衰退期，管理层财富下降加剧了委托代理冲突，企业将增加债务融资缓解代理冲突，由此导致了企业负债率的逆周期特征。

二　影响债务融资行为的体制机制因素

作为一个处于经济转型中的国家，我国体制机制因素对企业债务融资行为的影响更容易被观测到。这是因为相较于成熟市场经济体的企业，我国企业面临着更高的外部不确定性，所有制性质、地方政府竞争以及政府政策调控等体制机制因素均会对企业债务融资行为决策产生重要影响。

（1）所有制性质

林毅夫和李永军（2001）认为我国银行在给国有企业提供贷款时，并不是完全遵循利润原则的，而是由政府隐性担保或者由银行的政策性负担所驱使的。政府干预可以让具有政府背景的企业获得更高的借贷声誉并且会通过对国有商业银行的影响，使国有企业获得更多的长期贷款（孙铮等，2005）。方军雄（2007）、李晚晴和田野（2018）、蒋灵多和陆毅（2018）认为预算软约束和政府隐性担保所带来的融资便利使信贷资源配置更偏向于国有企业。一方面，国有企业与政府部门之间关系紧密，更容易获得政府部门最新经济动态，较强的内部信息可获得性降低了国有企业投资的风险，形成了国有企业的扩张性债务融资行为偏好；另一方面，隐性担保的存在使得国有企业即使陷入债务困境，也会获得政府的支持和救助（Khwaja and Mian，2005），在市场竞争加剧和经济不确定性较高的情况下，国有低效率企业依然可以获得更多的金融资源。Johansson 和 Feng（2016）、刘一楠和宋晓玲（2018）以及 Pan 等（2017）研究发现，国有企业往往深度参与政府主导的项目，2008 年的"四万亿"投资主要投向了基建领域，这些投资除了政府直接投资外，其他大部分是由国有企业承担的，客观上导致了国有企业债务快速膨胀。钟宁桦等（2016）认为由于国有企业往往拥有大量的抵押物，加之具有政府背景和政策性责任要求，即便是效率低下的"僵尸"企业，也能获得国有银行的支持。马建堂等（2016）利用资金周转率、销售费用率、应收账款占压资金等指标研究了企业资金利用效率，发现相较于非国有企业，国有企业的资金利用效率更低，但其负债水平却更高。与上述观点不同，肖泽忠和邹宏（2008）从委托代理角度出发研究，认为虽然在政府隐性担保的作用下，国有企业更容易获得银行贷款，但国有企业由于代理问题更加严重，其管理者更可能进行股权融资以谋取私利。

（2）地方政府竞争

官员的晋升考核机制被认为是影响企业债务融资行为的重要因素（赵宇，2019）。在晋升机制中，经济增长是考核官员政绩的重要指标，这使得地方政府官员有极大的激励通过增加投资的方式拉动地方经济增长。为增加投资，地方政府会通过向银行施加压力、为企业提供担保等方式，要求银行向其辖区企业提供更多的信贷资金。周黎安（2007）认为在中国特有的财政分权和行政集权体制及以经济增长为主要导向的地方"晋升锦标赛"的激励模式下，地方官员有强烈的推动地方 GDP 增长的意愿。在积极的财政政策背景下，地方政府和国有企业成为资金配置的主体，导致资金流入基建、重化工和房地产等中长期投资领域，加剧了产能过剩和杠杆问题（周雪光，2005；纪志宏等，2014；谭之博、周黎安，2015；贾俊雪等，2017）。曹春方等（2014）实证研究发现，官员晋升压力会显著影响国有企业投资决策，当官员任期接近届满时，国有企业的过度投资问题会更加突出，官员会争取更多的长期贷款支持国企的过度投资行为。

同时，为了在"政绩锦标赛"中获得优胜地位，地方政府往往会通过信贷资金供给、财税补贴等形式干预企业的债务投融资行为。苏坤和金帆（2012）以沪深两市2004~2009年上市公司为研究对象，实证研究发现政府部门能够通过行政干预帮助公司获取银行贷款，政府干预程度与企业负债率显著正相关。张茉楠（2013）认为地方政府的政策性补贴导致要素市场价格扭曲，压低了企业投资成本，诱导大量信贷资金进入投资驱动型行业，最终造成了普遍的结构性产能过剩、投资效率下降以及信贷资源配置不合理问题。

（3）政府政策调控

在中国经济由计划经济向市场经济转变的过程中，政府实施的各种调控政策几乎贯穿了整个经济改革过程。其中，货币政策和财政政策无疑是政府调控经济最重要的工具。但已有研究更偏重货币政策的研究，对财政政策的研究稍显不足。

货币政策调整直接影响信贷资金供给，对企业债务融资具有显著影响。Gertler和Gilchrist（1994）将信贷渠道引入研究发现，在经济衰退期紧缩的货币政策下，主要依靠银行贷款和商业债券融资的大型企业的短期负债率将上升。曾令涛和汪超（2015a）考察了紧缩货币政策对不同融资约束类型企业资本结构的影响后发现，在紧缩的货币政策冲击下，所有企业的负债率均显著下降，但相对于低融资约束企业，高融资约束企业下降的幅度更大。曾海舰和苏冬蔚（2010）在"自然实验"框架内采用双重差分估计策略，考察了1998年与2004年的信贷政策冲击对我国上市公司融资结构的影响，研究发现，1998年的信贷扩张导致小规模、民营及担保能力较弱的公司获得了更多的银行贷款，而2004年的信贷紧缩冲击导致上述公司通过增加应付账款弥补了有息负债的下降，说明了扩张性和紧缩性货币政策冲击对不同规模、产权性质和抵押担保能力的公司具有不同的信贷渠道传导效应。伍中信等（2013）考察了信贷政策对企业负债水平的影响，研究结果表明信贷供给与企业负债具有显著的同向调整特征，法定存款准备金率、存贷利差利率结构政策以及商业银行资本监管制度对企业负债的影响逐渐减弱，且信贷政策对流动负债的影响更加显著。吴永钢和杜强（2018）综合考虑债务的供给与需求后发现，企业债务融资水平是由货币政策、金融环境和宏观经济周期共同决定的，企业债务融资水平既取决于资金供给方面的货币政策和金融机构的资产规模，同时经济环境和企业赢利能力的变化对资金需求方负债意愿以及负债承受能力的影响也会导致债务融资行为改变。综合来看，货币供应量增速和金融机构资产规模增速上升会导致企业债务总量的增加，而经济增长和企业赢利能力的提高则有助于抑制企业债务规模的上升速度。

关于货币政策对"去杠杆"有效性的文献中，Devereux 和 Yetman（2010）认为在应对持续上升的债务时，政府应该采取"逆向操作"的方式，通过紧缩性的货币政策遏制负债率上升的势头。而刘晓光和张杰平（2016）、杨雪峰（2018）则认为"去杠杆"过程中紧缩性的货币政策是失当的，因为降低货币供给量会导致投资和消费需求收缩，产出大幅下降将引起更大的债务危机，并最终导致经济的长期衰退。马建堂等（2016）认为，较为宽松的货币政策更有利于缓解杠杆过高的问题，具体包括降低长期国债利率和市场利率、提高货币供给增速等方式。骆祚炎和陈博杰（2018）则认为在当前经济形势下，政府应当采取稳健的货币政策，这样才有利于熨平经济波动、稳定经济增长预期，从而在促进经济增长的过程中实现"稳杠杆"的目标。

关于财政政策与企业债务融资行为的研究主要集中在以下三个方

面。一是不同类型财政支出对企业负债的影响。吕炜等（2016）构建了动态随机一般均衡模型，通过对比不同财政支出对企业负债率的影响发现，增加投资建设性支出会导致处于产业链上游的国有企业负债水平随着资产规模的扩张而迅速攀升，而产业链下游的民营企业在短时间内无法形成有效需求，最终导致国有企业出现高负债、低产能利用率的困局；社会保障性支出增加，将有效刺激产业链下游的市场需求，民营企业负债水平显著上升，而产业链上游的国有企业负债水平则微弱上升。因此，他们主张政府应当优化财政支出结构，强化社会保障性支出在财政扩张政策中的作用。二是中央财政与地方财政支出对企业负债行为的影响。王朝才等（2016）比较了中央财政和地方财政支出对企业负债影响机制的不同，发现地方财政支出增加会推升国有企业的负债率，而中央财政支出增加则会显著降低国有企业和非国有企业的负债率，因此他们认为应该通过扩大中央财政支出推动企业部门去杠杆。曾令涛和汪超（2015b）分析了地方财政政策对企业债务融资行为的影响，研究发现我国上市公司负债率具有逆周期特征，而地方财政支出扩张对企业负债率具有正向影响，由于经济衰退期地方政府经济指标压力加大，强烈的投资需求导致地方财政扩张的"刺激效应"超过了"挤出效应"，因此导致了地方财政刺激助推企业增加负债的行为。与上述观点不同，曾令涛和汪超（2015c）研究发现地方财政支出对企业负债具有抑制作用，由于财政政策的"挤出效应"，当政府采取扩张性财政政策时，预期未来的私人投资机会将减少，企业倾向于降低负债率。三是不同类型财政政策对企业负债的影响。李建军和张书瑶（2018）以中国 A 股上市公司数据为研究样本，分别考察了财政税收和财政补贴对企业负债率的影响，实证结果显示流转税负、财政补贴与企业负债率之间存在显著的正向关联，因此他们主张通过减税和税制结构性改革推动企业去杠杆。

三 影响债务融资行为的微观动机

(1) 竞争策略动机

西方学者从竞争策略角度分析了企业债务融资决策调整的动机，并形成了两种对立观点。部分学者认为债务融资可以强化企业竞争优势。Brander 和 Lewis（1986）将公司债务融资选择对其产品市场竞争行为的影响效应分为两类。一是"有限责任效应"，即当公司破产时，股东仅对相关损失承担有限责任，债权人则需承担对应债权的全部损失；而当公司经营状况良好时，股东可以获得除去债务资金以外的所有收益，而债务人只享有其对应债权的固定收益。二是"破产风险效应"，即伴随着负债上升，企业的风险在于由现金流短缺引发的财务危机以及由此产生的破产损失。在此基础上，他们建立了一个双寡头、两阶段的古诺模型，研究发现对于不完全竞争市场上的寡头公司，高负债意味着在产量竞争中获得了更高的竞争优势，债务融资越多，竞争对手的产出就越少。Maksimovic 和 Zechner（1991）从技术进步角度定义了产品市场的不确定性，研究发现高负债将促使企业采取更加进取的产品市场决策。

部分学者认为高负债会削弱企业在产品市场上的竞争地位。Bolton 和 Scharfstein（1990）采用掠夺性定价理论进行分析后发现，增加负债会引起财务状况良好的竞争对手的掠夺行为，导致企业在产品市场的竞争中丧失进攻性和竞争性，因此，低负债被认为是企业为保证其竞争优势的一种理性行为。Maksimovic 和 Titman（1991）在研究中引入了声誉的概念，研究发现一旦负债数量过高，企业便存在通过降低产品质量来缓解破产压力的动机，高负债往往会削弱企业在产品市场上的竞争力。任啸和曹洪（2007）研究发现，在不确定需求条件下，需求的波动将会使企业选择采用提高负债的冒进性融资策略，最终会加剧企业破产风险。

一些学者关注不确定性条件下企业竞争策略中的债务融资选择。Showalter（1995）将古诺竞争拓展到伯川德竞争后发现，在成本不确定性条件下，企业增加债务融资的可能性极低；但是在市场需求不确定性条件下，企业将选择一定水平的债务融资从而提升产品的价格。Jong 等（2007）对比了在古诺竞争和伯川德竞争条件下，需求不确定性和成本不确定性对负债的影响，研究发现需求不确定性与两种竞争方式下企业的负债水平均显著正相关，而成本不确定性在古诺竞争方式下与负债水平正相关，在伯川德竞争方式下与负债水平负相关。

基于产业组织理论的融资行为研究是一个全新的方向，它不再将公司的融资决策限定为单一的财务选择行为，而是将其看作一种基于产品市场环境、公司竞争战略以及融资决策的综合行为选择，为研究企业融资行为开拓了思路。尤其是对于经济转型期的中国，剧烈的需求冲击以及竞争格局的不确定性导致企业进行资本结构决策的影响因素更为复杂。

（2）投融资战术动机

改革开放后很长一段时间，投资是我国经济的主要驱动力。从宏观角度来看，纪敏等（2017）认为由高储蓄支撑的投资驱动增长模式决定了中国企业的负债必然会维持在一个较高水平上。冯明（2016）认为除了我国高储蓄和高投资的经济结构外，信贷资源结构性错配使得部分债务未能形成有效投资，投资回报率的下降进一步推升了企业债务风险，导致了负债水平上升。但是宏观研究所得出的结论并不能解释微观企业个体的行为动机。

微观层面的研究将企业投资与融资决策看作一种协同关系。Dhrymes 和 Kurz（1967）对 MM 理论中投融资决策分离假说提出了质疑，开创性地对企业投资和融资决策的互动关系进行了探讨。他们将公司主要决策定义为三种渠道的资金来源在两种资金使用上的分配问题。其中，企业利润、新增债务融资和股权融资为企业资金来源渠道。股利支付和投资支出为企业资金的使用方向。由于企业利润、新增债务融资和股权融资之间相互替代，而股利支付和投资支出也因为共同分享有限的资金而存在竞争关系，因此，企业决策面对的主要问题是如何合理地将各项来源资金分配于股利支付和投资支出上，从而为企业创造更高的收益和更大的价值。从这个意义上看，企业的投融资决策之间存在一种相互影响的关系。Dhrymes 和Kurz（1967）建立了包括投资方程、债务融资方程和股利支付方程在内的联立方程组后，实证检验发现由于股利支付与投资支出相互竞争，如果公司增加投资支出，就会相应地减少股利支付或增加外部融资，从而使企业负债水平与投资支出之间产生同向变动的关系。

　　虽然资金流学说从资金供求关系角度分析了投融资决策之间的协同互动关系，但是现代公司财务相关理论认为，一方面，负债融资不仅是公司的一项重要资金来源，由于债务融资具有税盾效应和破产成本，其对公司价值创造也会产生促进作用；另一方面，投资支出也不仅是一项资金支出，而且可以通过收入效应（Dammon and Senbet, 1988）、累计折旧（DeAngelo and Masulis, 1980）等影响负债的税盾收益和破产成本，进而影响公司的价值创造。Dammon 和 Senbet（1988）认为投资支出增加会使企业预期未来的收入增加，收入的增加可以提高企业税前抵扣能力，并抑制未来时期经营亏损对负债利息税盾作用的抵消。因此，他们认为投资支出增加可以通过收入效应提高公司对债务融资的需求。国内学者刘星和彭程（2007）研究发现，一方面，投资支出的增加将导致固定资产折旧税盾的增加，并会通过

"替代效应"降低负债的利息税盾，抑制企业负债水平；另一方面，投资支出的增加也会提升企业的收益，进而促进负债税盾收益的增加。刘星和彭程（2009）采用中国上市公司数据，实证检验发现投资支出增加可以有效抑制企业破产风险，并导致债务融资增加。彭程等（2016）研究发现，为了充分享受负债所带来的税盾效应，企业会尽可能地在投资过程中增加债务资金的使用，但是随着债务融资比重的增加，期望破产成本上升导致投资对负债融资的促进作用被弱化。此外，在考虑委托代理问题后，他们发现在股权相对集中的企业，增加负债融资往往会产生过度投资问题，而过度投资反过来会削弱投资支出对负债融资的促进作用。

四 现有文献简要评析

债务融资行为是企业生产经营中的核心活动之一，决定企业的生存与发展。但是，自 MM 理论提出以来，基于经典资本结构理论的研究通常将企业产品市场上的收益假定为外生决定，与企业债务融资决策无关，导致以往资本结构文献对企业债务融资行为市场机制的研究较少。虽然国内外学者从宏观经济周期理论和微观企业竞争策略动机视角对影响企业负债行为的市场环境因素进行了探索，但是，一方面，中国企业部门杠杆问题表现为结构性失衡，具有行业性、阶段性和区域性等特征，有异于西方国家的系统性债务上升；另一方面，引入了产品市场竞争策略的资本结构理论，更注重对市场不完全性或者市场本身运行机制所引起的债务融资变动的讨论，并且大多数研究没有将市场需求的变动作为主要因素，而是研究在市场结构既定情况下，债务结构变化对企业市场决策的影响。更为重要的是，西方学者对于企业融资行为规律的探索均是基于成熟经济体或者市场条件来讨论的。总体来看，相关研究主要讨论了系统性或者寡头市场企业债务上升的原因，但当前中国企业部门高负债率问题发生的市场背景显然与西方学者研究的背景存在明显的差异。

区别于西方学者基于宏观经济周期和产业组织理论视角对企业债务融资行为的研究，国内学者结合中国国情，深入分析了中国特殊的体制机制对企业债务融资行为的影响。相关研究发现，国有产权制度、官员政绩考核制度、宏观政策等均会对中国企业债务融资行为产生重要影响，主要体现在以下几个方面。第一，预算软约束和政府隐性担保所带来的融资便利以及内部信息的可获得性，使得国有企业具有强烈的投资和负债扩张冲动。第二，官员晋升"政治锦标赛"导致地方政府过分追求 GDP 增长，通过给予利息优惠、信贷资源倾斜、财政补贴等方式，过度地鼓励企业加大负债投资生产，并造成产能重复建设和企业过度负债。第三，在经济增速下行期，基于保增长的目的，政府可能会采取过当的经济刺激政策。比如为应对 2008 年国际金融危机，促使经济复苏，政府实施的"四万亿"投资刺激政策以及宽松的货币政策。不当的政府行为会扭曲市场机制对信贷资源的配置作用，进而对企业债务融资行为产生不利影响。不可否认，在中国由计划经济向市场经济转变的过程中，体制性因素的确会影响企业决策行为。但随着市场化进程的发展，政府职能由管理向服务的转变、国有资产管理制度的完善以及金融体系的健全，使企业决策行为转变为以市场为主导，政府政策成为调节手段的形式。

金融危机后，中国企业部门高杠杆问题引起了各方关注，企业债务融资行为的研究视角日益多元化，有学者注意到企业资产配置调整会影响其债务融资决策选择。也有学者从宏观视角进行研究发现，高储蓄支撑下的投资驱动增长模式，决定了中国企业总体上较高水平的负债率，但宏观结论并不足以解释微观企业行为。部分学者注重微观视角的研究，从投融资协同关系出发，初步探讨了投资支出与债务融资的互动关系。但仅从财务视角出发讨论二者之间的关系显然是不充分的，投资确立了企业未来的产能布局，债务融资应该是企业的一种战略行为，而不仅仅是融资战术行为，对于企业资产配置与债务融资关系的研究应该从公司整体战略角度出发。

上述研究成果无疑都是根据社会主义市场经济制度建立以来的经济发展方式、经济发展态势、经济发展质量情况，对中国企业债务融资行为进行的深入解析。它们对我们的启发是，在考察中国企业债务融资行为时必须与我国社会主义市场经济体制的阶段性特征相对应。市场与政府作为资源配置的不同方式，不同市场机制下双方发挥作用的时间、空间以及程度存在差异，导致其对企业行为的作用机制也不同。有别于成熟市场经济体制，对于中国这样经济快速发展、规模庞大的转型经济体，一方面，其本身孕育着一个庞大的市场；另一方面，政府干预始终贯穿经济发展的进程。这意味着中国经济具有"大市场与大政府"的特征。因此，全面掌握经济新常态下政府干预以及市场作用发挥的效果及规律，是探寻制造业高杠杆形成以及"去杠杆"政策选择的重要前提。

第三节　研究思路与内容结构

本书立足于市场机制视角，对制造业企业资产配置和债务融资行为展开研究。有别于国内文献对体制机制因素的集中探讨，也不同于国外学者基于宏观经济周期和不完全竞争视角的研究，本书认为，中国作为一个拥有超大规模市场的发展中国家，市场供求形势的频繁转换打破了经典资本结构理论中债务融资决策与产品市场环境无关的假设前提。融资并形成债务，以及作为其镜像的投资是工业化社会正常运行的必要条件，而投资最终确立了公司的产能布局。基于此，本书从企业资产配置与债务融资的整体战略出发，重点剖析了需求冲击下资产配置调整对债务融资的影响，探索市场机制下企业债务融资行为规律，以便使市场在资源配置中起决定性作用的同时，更好地发挥政府的作用。下文是本书的研究思路和整体结构框架。

一 研究思路

本书涉及需求冲击、财政政策、资产配置和债务融资四个研究主体。虽然相关主体在各自研究领域均有相应的理论发展和文献积累，但是研究长期割裂是一个不争的事实。鉴于此，本书在理论分析的基础上，利用微观样本厂商数据，采用不同的计量分析方法，系统地考察了需求冲击和财政支出政策对我国制造业上市公司资产配置与债务融资行为的影响。本书整体的研究思路是从理论到实证，从一般性规律到异质性分析，具体研究的问题可分为以下三个方面。

其一，构建一个市场机制下企业资产配置和债务融资行为的微观统一综合理论框架。在这个框架内分析资产过度进入与过剩资产形成的市场调节机制，以及市场机制下资产配置调整对债务融资进入与清偿的影响，揭示企业资产配置和债务融资的市场调节和传导机制。

其二，实证检验制造业企业资产配置和债务融资行为的市场调节机制和财政政策效应。首先，基于制造业上市公司财务数据，实证检验了市场机制对债务融资行为的非对称诱导作用。其次，考虑到近年来全球经济持续下行和贸易摩擦频繁等现实情况，将持续性需求冲击引入市场机制实证分析框架，探索不同持续期的需求冲击对企业债务融资行为的影响。再次，基于我国经济进入新常态后制造业产能过剩和负债过高的现实问题，从企业整体战略角度出发，实证分析了市场机制下资产配置调整对债务融资行为的影响。最后，考察在不同需求冲击下，投资建设性支出与社会保障性支出对企业资产周转率和有息负债率的影响，并通过总量效应和结构效应分析了企业部门宏观杠杆率上升的真正原因。

其三，一方面，为微观企业如何针对市场需求和财政政策的变化，理性地调整资产配置和债务融资决策提供了新思路；另一方面，为政府如何在尊重市场规律的基础上，在制定宏观经济政策的过程中更注重微观企业主体的反应，强化政策的目标性、指向性和实效性，进而为有效弥补市场失灵提供必要的政策建议。

二　研究内容与结构安排

为了保证研究的科学性和严谨性，本书将遵循一定的逻辑思路对制造业企业资产配置与债务融资的市场机制和政策效应展开系统研究，具体安排如下。

第一章，绪论。主要是对研究背景与研究意义进行介绍。对相关研究成果进行梳理，在对上述文献进行简要评析的基础上，阐述本书的立足点。根据研究目标和思路对全书结构进行安排，并总结主要创新之处。

第二章，对需求冲击下企业资产配置与债务融资的市场调节机制进行理论分析。首先，回顾经典的融资结构理论。其次，从理论角度分析市场机制下资产配置调整对债务融资行为的影响。阐释市场机制下资产过度进入与过剩资产形成的微观机制，以及市场机制下资产配置调整对债务融资进入与清偿的作用。

第三章，选取2004~2019年制造业上市公司样本数据，构建了需求冲击指标，并识别出不同需求冲击下的样本，在此基础上对需求冲击下企业债务水平的演化趋势，以及不同需求冲击下投资和产能利用率与企业资产负债率之间的变动规律进行统计分析，为实证分析中计量模型的构建奠定基础。

第四章，基于制造业上市公司微观样本数据，设计反映需求量信号、价格信号以及需求冲击的代理指标，构建反映企业总量和增量负债水平的双方程，利用 SYS-GMM 模型考察不同需求冲击下需求量和价格信号对制造业企业债务融资行为的作用机制，实证检验了市场调节机制导致的企业债务融资行为的非对称和非线性特征，揭示了在剧烈正向需求冲击和负向需求冲击阶段，企业高负债形成的微观机制。在此基础上进一步考察市场机制下，不同地区和所有制企业债务融资行为的一致性与差异性。

第五章，基于当下复杂的市场形势，采用固定效应模型实证检验持续性的正向需求和负向需求冲击对企业整体负债、融资性负债和经营性负债的影响，并据此提出在全球经济增速下行、需求不断萎缩的冲击下"稳杠杆"的政策建议。

第六章，运用 2008~2017 年 A 股制造业上市公司的财务数据，分别构建反映资产规模变动与资产利用效率的双重资产配置指标，采用固定效应模型实证检验不同需求冲击下新增投资与产能利用率对企业债务融资行为的影响效应，发现市场调节机制下企业债务融资行为呈现的非对称和非线性特征的逻辑，揭示在市场机制下产能过剩与高杠杆之间的传导机制。从企业投资和负债的合理性出发，采用面板 Logit 模型实证检验需求冲击对企业异常投资的作用机制，并采用固定效应模型实证检验需求冲击下过度投资和投资不足与过度负债行为之间的市场传导机制。

第七章，从企业部门宏观杠杆率的微观分解出发，一方面，通过总量效应检验不同需求冲击下投资建设性支出与社会保障性支出对企业有息负债率与资产周转率的影响；另一方面，通过结构效应检验在不同的财政政策下资产周转率对有息负债率的影响，从而揭示不同财政支出政策对企业资产运营效率和负债率的差异化影响，以及企业部门高杠杆形成的原因。

　　第八章，给出本书的研究结论与思考。

　　本书研究逻辑结构如图 1-1 所示。

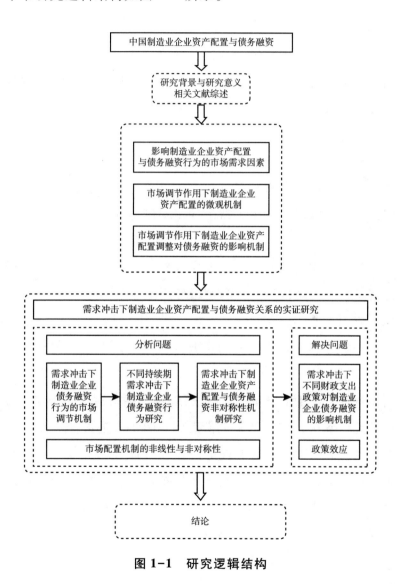

图 1-1　研究逻辑结构

第四节　研究方法与相关概念界定

一　研究方法

本书采用定性分析与定量分析、理论分析与实证分析相结合的方法对制造业企业资产配置与债务融资行为的市场传导机制和政策效应进行系统性的研究分析。具体研究方法如下。

（1）理论分析方法

理论分析方法是经济学研究的常用方法之一，本书中主要将之应用于文献梳理、理论分析和实证研究的结论分析部分。首先，结合近年中国经济发展特征，分析了需求冲击对制造业企业资产配置与债务融资行为的影响，揭示了市场机制对债务融资进入与清偿的非对称诱导作用。其次，在此基础上，结合实证结果进行经济学理论分析，以确保经济学研究内容的翔实性和逻辑的严谨性。

（2）统计分析方法

统计分析方法是实证研究的重要方法之一，本书中主要将之应用于实证研究的变量描述性统计阶段和实证研究的假设检验阶段。首先，利用统计方法对计量模型涉及的宏观和微观变量数据进行整理、汇总和计算。其次，在此基础上借助图、表等描述方法，发现和揭示相关变量的分布状况、趋势走向等规律性特征，以实现对中国制造业上市公司样本的科学分类以及对样本特征的完整科学认识。在进行实证研究前对变量进行相应的描述性统计和相关性检验，为相关计量模型的构建提供必要的统计分析和指导，有利于增强模型构建的科学性，提升实证检验的有效性和可信度。

（3）实证分析方法

第一，基于制造业上市公司的微观样本数据进行实证检验，探究不同需求冲击下的需求量和价格信号对企业债务融资行为的作用机制。把产品市场因素引入模型，运用系统矩估计（SYS-GMM）模型研究处于剧烈正向需求冲击、温和正向需求冲击、负向需求冲击下的企业，在面对需求量和价格波动时对债务融资决策的调整，探究市场对债务资金"进入"与"退出"的非对称作用机制，并采用固定效应模型和系统矩估计模型进行了稳健性检验。采用分组回归的方法，结合费舍尔组合检验（Fisher's Permutation Test）结果分析了不同地区和所有制企业负债行为的异质性。在引入持续性需求冲击对负债行为的影响效应的研究中，运用面板固定效应模型，实证检验了不同持续期的需求冲击对企业债务融资行为的影响。

第二，在考察不同需求冲击下企业资产配置调整对企业负债率的影响时，分别构建反映资产规模变动与资产利用效率的双重资产配置指标，综合运用统计方法和面板固定效应模型，实证检验不同需求冲击下新增固定资产投资与产能利用率对企业负债的作用机制。在考察需求冲击下非理性投资行为对企业过度负债的影响时，使用面板 Tobit 模型回归预测企业目标负债率后，采用面板 Logit 模型和固定效应模型探索不同需求冲击对非理性投资行为的影响，然后使用面板固定效应模型回归分析不同需求冲击下过度投资和投资不足与企业过度负债之间的关系。

第三，基于制造业上市公司的微观样本数据和宏观数据，采用面板固定效应模型实证分析不同需求冲击下投资建设性支出和社会保障性支出对微观企业杠杆率和资产周转率的影响，以及不同财政支出作用下资产周转率对微观企业杠杆率的影响。

二 相关概念界定

（1）需求冲击

需求是由市场中消费者的消费偏好和支付意愿决定的。考虑到企业间生产的产品具有异质性且消费者偏好也存在差异，即使处于同一行业或市场中，消费者对一些企业产品的需求增加，对另一些企业产品的需求可能减少，即不同企业、不同时期所面临的需求是不同的。因此，本书研究的需求冲击不再是行业整体的需求冲击，而是根据每个企业的情况把整个行业需求冲击划分成不同的需求冲击。

（2）财政政策

财政政策是指国家根据一定时期的政治、经济、社会发展任务而制定的财政分配活动和处理各种财政分配关系的基本准则。财政政策可以通过调整财政支出、税收和转移支付来调节总需求，进而影响就业和国民收入，是政府调控宏观经济的重要手段，在中国经济运行中扮演着重要的角色，本书主要关注政府财政支出政策。一般而言，政府财政支出主要包括投资建设性支出和社会保障性支出两大部分。投资建设性支出以政府基础设施建设为主，如公路、铁路、机场等市政公用工程设施和公共生活服务设施。社会保障性支出主要用于向社会提供基本公共服务，是为居民生活水平提供保障的一种支出形式。政府提供的基本公共服务能够提高家庭部门的生活水平，进而提高整个社会的福利水平。政府财政支出具有明显的需求侧调控特征，其中，投资建设性支出对上游行业的市场需求会产生重要影响，而社会保障性支出则对社会最终需求产生影响。

（3）企业债务融资

企业债务融资是指企业从自身的生产经营和资金使用状况出发，基于企业未来经营和发展战略的需要，向债权人筹集生产经营所需资金的一种经济活动。按照负债来源和用途划分为经营性负债和融资性负债，其中经营性负债是指企业因经营活动而发生的负债，融资性负债是指企业因融资活动而发生的负债。此外，本书对债务融资的过程和结果进行了区分，净新增负债反映了一段时间内企业债务融资的变化过程，而存量负债反映了债务融资变化后的结果。

（4）企业资产配置

企业资产配置主要体现在两个方面：一是对资产规模的调整，即投资行为；二是对存量资产的利用，即产能配置与利用。

投资指的是企业作为经济主体，向某一领域投放一定数量的资金或实物，以期在未来获取收益或是资金增值的经济行为。按照投资的方向可以分为对内投资和对外投资。前者是指企业把资金直接投入自身的生产经营活动中以期获取一定的利润回报。后者是指企业把资金投放于金融性资产，比如买入其他企业发行的股票和公司债券，或以货币资金、实物资产、无形资产向其他企业注入资金而发生的投资。本书的企业投资主要是指一定时期内企业固定资产投资（包括公司购买、建造固定资产）的净增加值，即本书所研究的投资指的是一定时期内企业资产规模的变化情况。

存量资产利用指的是企业对存量固定资产的利用情况。一方面，采用产能利用率衡量企业存量固定资产到底有多少在运转且发挥生产作用，即反映企业固定资产发挥生产能力的程度。另一方面，采用资产周转率考察企业全部资产从投入到产出的流转速度，反映了企业全部资产的管理质量和利用效率。

第五节　研究创新

本书研究的创新之处主要体现在以下几个方面。

在理论方面，本书基于市场机制视角，一方面，结合中国经济发展过程中市场长期持续显著变动的现象，理论分析了市场机制下资产过度进入以及过剩资产形成的微观机制；另一方面，结合资本结构理论，阐释了市场机制下资产配置调整对债务融资行为的影响。本书以中国经济实践为背景，探索并发现符合中国企业债务融资行为的规律，对我国进入经济新常态以来制造业产能过剩和杠杆过高并存的现象进行较有说服力的创新研究。

在研究内容方面，本书首先基于微观企业样本数据，探索了企业债务融资的市场调节机制，发现了市场信号对债务融资"进入"产生诱导作用的有效性以及对债务清偿产生引导作用的失效性，揭示需求冲击对债务融资"进入"和"退出"的非对称作用机制。其次，从企业整体战略角度出发，剖析了市场机制下企业资产配置与债务融资行为之间的微观传导机制，发现了供给侧结构性改革中"去产能"和"去杠杆"之间的联动效应。最后，综合考虑市场机制与政府政策对企业负债的影响，分别从总量效应和结构效应角度阐释了不同需求冲击下投资建设性支出和社会保障性支出对企业负债率的影响。

在研究设计方面，以往文献中通常采用资产负债率、负债权益比、有息债务比等"静态"的负债水平指标，但上述指标只能反映某一时刻企业负债水平的高低状态，无法反映债务资金"流量"及"流向"的变化。对此，本书同时构建了反映"总量"的企业整体负债水平模型以及反映"增量"的企业净新增负债水平模型，对制造业企业债务融资行为的市场调节机制进行系统实证分析，揭示了企业债务的真实变化规律。此外，将负债分解为融资性负债和经营性负债，初步探索了持续性需求冲击对企业内部债务结构调整的影响。

第二章 制造业企业资产配置与债务融资市场调节机制的理论分析

本章首先对传统融资结构理论进行了梳理，随后结合中国经济发展特征，理论分析了市场机制下企业资产配置对债务融资行为的影响。针对近年来市场需求波动，首先阐释了资产过度进入与过剩资产形成的市场调节机制，其次进一步分析了市场机制下资产配置调整对债务融资"进入"与"退出"的微观作用机制，为后文的统计分析和实证检验奠定理论基础。

第一节 理论基础

企业融资结构，即资本结构，反映了企业各种资金的来源，或者说各种资本来源的构成及其比例关系。按照资金的来源分为两类，一是内源性融资，二是外源性融资。其中，内源性融资主要指企业的留存收益，而外源性融资可以分为债务融资和权益融资。资本结构理论发展的起点一般要追溯到 MM 理论。Modigliani 和 Miller（1958）建立的 MM 理论为现代资本结构理论研究构建了基准模型和标准范式，后续资本结构理论多是在放松 MM 理论的假设过程中逐渐形成的。因此，本节从 MM 理论出发，对相关理论进行系统的回顾和评述。

（1）MM 理论

Modigliani 和 Miller（1958）提出了资本结构与企业价值无关的观点。但最初 MM 理论的假设条件极为苛刻。首先，市场无摩擦意味着不存在交易成本、企业所得税和信息不对称问题。其次，公司发行债务没有成本且负债经营无风险。在这种假设条件下，只要未来的期望收益不变，那么无论如何改变资本结构都不会影响企业价值。显而易见，上述假设条件与现实情况往往不符。Modigliani 和 Miller（1963）将企业所得税引入企业资本结构的研究中提出了税盾效应，由于负债所产生的利息支出可以在税前列支，这意味着负债越多，节税收益越大，企业的价值也就越大。但现实中负债不可能无限增加，因为随着负债的上升，公司风险也将上升。Miller（1977）进一步修改了 MM 理论，指出现实经济中除了利息，还存在资本利得税和个人所得税，由于个人所得税会导致更高的利率，进而债务融资带来的税盾效应被抵销，因而在均衡处，公司依然无法通过调整资本结构来提升其价值，这一研究结论与 MM 理论中资本结构与企业价值无关的结论一致。

尽管 MM 理论的假设前提和结论存在诸多不足，但它开了现代资本结构理论研究的先河，为后续公司资本结构相关问题的研究提供了基本的研究框架，被认为是现代公司金融研究最重要的基石。

（2）权衡理论

权衡理论被看作 MM 理论的延伸。如前文所述，放松假设条件的 MM 理论虽然考虑了税盾效应给公司带来的节税收益，却并未考虑负债带来的消极影响。较高的负债水平往往意味着较高的财务压力和破产风险。随着债务比重的增加，公司在未来陷入破产的可能性大大增加。这意味着公司未来收益中的一部分实际上要用来支付因破产而带来的潜在风险成本。因此，权衡理论认为，公司负债并非越多越好，而是在破产风险成本与税盾收益权衡的过程中产生一个最优资本结构，使公司价值达到最大化。随着权衡理论的不断发展，按照研究方法的不同逐渐形成静态权衡理论和动态权衡理论两个分支。

Robichek 和 Myers（1966）基于增加负债所带来的边际税盾收益递减这一前提假设，指出公司最优资本结构是使边际负债带来的节税收益刚好被财务困境成本完全抵销的负债水平，公司价值在此时达到了最大化。随后，这一结论得到 Kraus 和 Litzenberger（1973）的支持，静态权衡理论基本构想形成。DeAngelo 和 Masulis（1980）在 Miller（1977）模型的基础上引入了非债务税盾因素，认为投资的税收减免以及累计折旧会在一定程度上对债务融资税盾效应产生挤出作用。随着静态权衡理论的发展，财务困境成本的定义不断明确，其中，资产和财务重组成本以及破产成本等被称为直接成本，因管理者、债权人和股东利益冲突而产生的代理成本被认为是间接成本。Baxter（1967）最先将破产成本引入资本结构研究中，认为负债的上升会加大公司破产的可能性，破产成本增加使得债务杠杆降低企业价值。Jensen 和 Meckling（1976）将委托代理理论引入研究中，他们认为公司中存在着股东与管理者、股东与债权人之间的两类代理冲突。一方面，管理者因追逐个人利益，可能发生过度投资或投资不足的问题，进而对公司价值产生不利影响。因此，他们认为债务融资对管理者形成一种财务上的硬性约束，为避免公司经营不善而导致的破产重组风险，管理者将致力于为公司创造更多价值。另一方面，在举债过程中，由于负债产生的收益由股东全部享有，债权人只获得固定收益，而一旦投资失败，债权人需要承担大部分损失。综上，负债也会导致股东和债权人之间的利益冲突，并产生相应的代理成本和财务困境成本。因此，他们认为公司最优负债率是边际负债获得的税盾收益与上述边际代理成本和财务困境成本变动恰好相互抵销时的负债率。

静态权衡理论将税盾、个人所得税、非债务税盾、财务困境成本等因素纳入研究中，肯定了债务融资可能带来的风险成本，是对 MM 理论的重要补充和发展。然而在现实世界中，常常出现静态权衡理论所无法解释的资本结构偏离最优资本结构的现象。由于静态权衡理论仅是单一时期模型，且对于最优资本结构的认识仅给出了唯一解，并不考虑目标调整的动态变化概念，一些学者开始尝试通过构建跨期、连续的动态融资模型来扩展单期静态模型。

Brennan 和 Schwartz（1984）建立了一个考虑税盾效应和破产成本的动态权衡模型，但是由于模型没有考虑融资产生的交易成本，公司可以随时无成本地调整资产结构来应对外部冲击。Fischer 等（1989）首次将交易成本引入动态权衡模型，研究发现，交易成本的存在导致实际资本结构可以长时间偏离最优资本结构，公司需要综合考虑负债融资的收益（如税盾收益）和相应成本（如破产成本、交易成本）后再决定是否采取逼近最优资本结构的融资政策。在他们的模型中目标资本结构不再是某一特定数值，而是围绕着某一数值上下波动的区间，公司也不会一次性将资本结构调整到某一固定水平，而是会离散地将其维持在一定范围内。Leary 和 Roberts（2005）建立了一个动态久期模型，研究发现当企业负债率在目标负债率区间内波动时，公司不会立即调整，只有当企业负债率偏离目标区间时，公司才会进行调整。Strebulaev（2007）认为由于调整成本的存在，公司只在有需要时才会调整资本结构，因此在多数时间相对于其最优负债水平会存在偏离。

（3）优序融资理论

信息非对称理论在不断发展的过程中逐渐形成了啄食理论，即优序融资理论。该理论认为由于投资者并不了解投资项目的全部信息，如果企业通过权益进行融资，不但融资成本较高，而且会给投资者传递企业负面信息，所以根据企业价值最大化的原则，企业融资一般先选择内部融资，再选择外部融资。选择外部融资时，先选择低风险债券，最后才会选择权益融资。Ross（1977）将信息非对称理论引入公司资本结构的研究中，建立了信号传递博弈模型。他假设公司的管理者或者内部人掌握了外部人所无法掌控的公司资产价值的私人信息，外部人只能通过内部人传递的信号获得信息，由于公司债务比例的提高是一种正向信号，资本结构与公司价值正相关。

与优序融资理论的观点不同，权衡理论认为公司并不存在某一特定的融资偏好，资本结构选择是公司在权衡负债收益与成本后，基于目标资本结构所进行的动态调整。而优序融资理论否认了目标资本结构的存在，认为资本结构实际上反映了公司过去的现金流量状况，当公司有足够的留存收益来为它们的投资提供资金时，资本结构将进行调整；而当他们的投资选择需要大量的外部融资时，将遵循债务融资、股权融资的顺序进行融资。

国内学者对权衡理论和优序融资理论进行了检验，对于二者对中国企业债务融资行为的解释力进行了评价。肖作平（2003）基于中国上市公司数据，实证结果支持了优序融资理论的存在。蒋殿春（2003）则认为，相对于债务融资，中国的上市公司更偏好股权融资，因此提出了先内部融资、再权益融资、最后债务融资的顺序。而向静等（2004）则发现中国上市公司的融资选择与优序融资理论完全相悖。邢天才和袁野（2013）、Huang 和 Song（2006）通过实证检验发现中国上市公司资本结构的动态调整相较于优序融资理论，更支持权衡理论。肖泽忠和邹宏（2008）认为，虽然发达国家企业资本结构的主要决定性因素在中国上市公司中同样重要，但其背后的作用机制可能不同。Chen（2004）基于实证研究证明了西方经典资本结构理论并不能合理解释中国上市公司的融资行为选择，中国上市公司的融资行为既不符合权衡理论也不符合优序融资理论。

第二节　影响制造业企业资产配置与债务融资
行为的市场需求因素

　　改革开放以来，中国经济经历了三个阶段。第一阶段，以出口加工为主要特征的外向型经济模式，依靠对外贸易积累了大量的外汇储备。第二阶段，随着工业化、城镇化的不断推进，人口红利逐步释放，投资也成为拉动经济增长的重要引擎，形成了以出口和投资双轮驱动的经济增长新格局，这一阶段也是中国经济增长速度最快的时期。当前中国经济正处于第三阶段，这一阶段的主要特征是经济增长由高速增长转变为高质量发展，并且以往以出口和投资驱动经济增长的模式逐渐向以消费为主导的经济增长模式过渡。2010年后，消费对经济增长的拉动率首次超过了投资对经济增长的拉动率，稳居"三驾马车"之首。

　　伴随着第二阶段经济的高速增长，中国居民收入水平显著提高，消费能力增强且消费结构显著变化。《中国统计年鉴》数据显示，我国居民人均可支配收入已从2000年的6256元增长到2020年的32189元，人均消费支出从2000年的4998元增长到2020年的21210元。伴随着居民收入显著变迁而来的是消费品行业轮番出现供不应求的现象。

　　以汽车行业为例，根据中国汽车工业协会数据，2001~2010年，全国汽车销量由237万辆迅速攀升至1806万辆，短短9年时间增幅高达6.6倍（见图2-1）。中经网统计数据库数据显示，我国汽车制造业规模以上企业数量由2000年的3090家上升到2010年的13258家。随着经济的飞速发展，收入增加和消费能力的提高使我国居民对汽车的需求持续增长，引致汽车行业市场需求快速扩大，市场规模持续显著扩张，2009年中国成为世界最大的汽车生产和消费国。

　　但是随着中国经济进入新常态，有效需求不足和产能过剩问题逐渐显现，市场供需形势迅速转变。汽车销量增长率在 2011 年出现大幅下跌，由 2001~2010 年 25% 左右的年均增长率下降至 2011 年的 2.5%，并在 2018 年出现负增长。与此同时，根据国家统计局数据，2011~2017 年我国汽车制造业固定资产投资由 2011 年的 6182.14 亿元上升至 2017 年的 13099.94 亿元。在新产能不断进入的同时，汽车制造业产能利用率不断下降，根据中国汽车工业协会发布的数据，2019 年上半年汽车制造业产能利用率为 77.2%，已经跌破 79% 的 "安全线"。需求增长乏力、投资过度进入以及产能过剩导致规模以上汽车制造业企业的负债总额由 2012 年的 22745 亿元上升到了 2019 年的 48535 亿元，仅 7 年时间就增长了 1 倍。

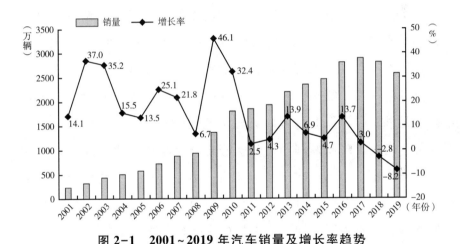

图 2-1　2001~2019 年汽车销量及增长率趋势

资料来源：中国汽车工业协会。

从汽车制造业的发展规律可以发现，对于具有超大规模市场的中国，一个处于发展早期的行业，巨大的需求缺口会引起大量企业涌入。在对市场需求的一致性乐观预期下，投资市场上的 "攀比"、"羊群" 或者 "潮流" 效应将引发新企业和新产能的疯狂进入，带动资本市场上信贷资金的涌入。由于产能建立具有时滞性，但需求缩减往往具有即时性，市场需求的迅速回落导致大量新增产能无法寻找到合意的需求。产能利用率的下降，严重影响了制造业的赢利能力和偿债能力，导致企业负债水平不断上升。

第三节　市场机制下资产配置的微观机制

准确揭示市场机制下企业资产配置行为的微观机制是探索市场机制下资产配置调整对债务融资影响效应的起点。本节系统分析了投资和产能"进入"与"退出"的市场调节机制，剖析在市场需求发生显著变化时，企业资产配置的行为规律及其形成的微观机制。

投资并形成产能分别表现为资产配置的调整过程和调整结果。在新古典微观经济学完美市场假定范式下，一切资源的供需完全匹配，产能过剩并不存在。①市场调整无成本且瞬时完成，无须考虑投资形成产能的时滞性。需求上升时厂商可以随时扩大生产规模；而当需求下降到足够低时，厂商也可以无成本地随时退出。②信息完全，当行业在某一时刻出现超额利润，信息的充分流动使厂商不断进入，直至超额利润为零，市场再次出清。随后，不完全竞争市场理论打破了这一理想范式，当垄断竞争或者不完全竞争行业的企业不再是在平均成本曲线的最低点生产，即被认为是存在过剩产能。

国外学者通常将产能过剩问题看作宏观经济周期波动过程中的一种常态。产能过剩的形成原因主要包括要素窖藏理论和企业策略性竞争行为观点。首先，在要素窖藏理论下，由于宏观经济运行具有不确定性，而投资是典型跨期决策行为，因而存在投资决策与宏观经济走势不一致导致的获利机会损失。理性厂商将选择保存部分闲置生产要素以应对市场需求的不确定性。因此，过剩的产能是厂商应对市场不确定性条件下的理性选择。其次，过剩产能被认为是一种企业策略性竞争行为。一方面，过剩的产能筑起较高的进入壁垒，阻止潜在的进入者进入市场，以达到厂商垄断利润的目的（Spence，1977）；另一方面，厂商保留过剩产能是企业间价格串谋的保证，一旦合作伙伴违背合约，厂商就可以通过扩大生产使违约的一方受损（植草益等，2000）。

但是对于上述理论能否准确揭示中国产能过剩问题的形成机制，国内部分学者提出质疑。贾帅帅和徐滇庆（2016）认为，即使对要素窖藏理论和企业策略性竞争行为赋予一定的中国特色，也不能解释中国产能过剩问题持续存在的根源，因为上述理论研究均是建立在完全的市场经济与供求关系相对稳定的假定基础之上的，并不符合中国的实际。一方面，处于经济转型中的中国，市场化体系尚在完善中，信息不完全性、生产的时滞性以及供求结构不匹配等问题依然突出；另一方面，与西方发达经济体稳定的市场不同，中国经济高速增长背后是市场需求的快速扩张。因此，对于中国投资与产能问题的研究，如果脱离了经济市场化以及经济高速增长的大背景，显然是失当的。尤其是对于中国这种体量庞大且快速发展的转型经济体，市场不完备性对企业资产配置的影响会被放大。

一　资产过度进入的市场调节机制

中国经济进入新常态之前，经历了持续的高速增长，GDP 年均增长率在 10% 以上。经济快速增长的背后，是 14 亿居民收入的显著提高，以及由此迸发出的旺盛的市场需求。这一时期，行业市场需求的变化更多地表现为市场需求曲线向上移动的市场规模外生性扩张，需求井喷式增长，诱导大量企业不断涌入。但是，由于产能建立本身具有时滞性，短时间内市场规模的扩张往往会超过厂商所能实现的最大供给量，进而诱导更多新厂商的加入。在巨大的供给缺口面前，投资往往存在过度进入的情况。

（1）信息不完全条件下的一致性预期

中国作为一个后发经济体，企业要投资的往往是技术稳定、产品市场已经存在的产业，容易对行业前景达成共识，在信息不完全的条件下，行业内企业数不确定往往极易引起企业"投资潮涌"现象并随之出现产能过剩问题（林毅夫，2010）。徐朝阳和周念利（2015）构建了一个需求不确定性条件下的企业动态模型，发现对于那些前景良好但是市场需求不确定的早期发展行业，在位企业对于投资的谨慎为潜在进入者留下了市场空间，诱导了大量新企业的涌入，最终导致了市场集中度和产能利用率较低的现象。他们认为，这是在需求不确定性条件下，理性企业为规避风险而做出的理性选择，是市场有效的体现。

（2）非理性决策下的预期偏差

在现实决策中，决策者并不是时刻都符合"理性经济人"的假设，决策者过度自信的情绪、乐观主义行为、从众心理等将导致企业对未来市场需求形势变动的预判与实际情形存在偏离。在西方成熟的市场中，需求增长缓慢，而过去几十年中国经济持续高速增长，导致居民收入和消费显著变迁，产生了巨大的消费需求。需求侧消费水平和结构的变化，导致生产领域的供不应求现象轮番上演，诱发了一轮又一轮的投资热潮。在国内外市场需求快速迸发的阶段，过度自信和乐观主义的心理偏差极易造成管理者过高的市场需求预期，激发企业高昂的投资热情，大量投资相继涌入市场，导致过度投资并囤积大量产能。

决策者的从众心理，即"羊群行为"同样会导致资产的过度配置。"羊群行为"可划分为"理性的羊群行为"和"非理性的羊群行为"。在林毅夫（2010）、徐朝阳和周念利（2015）、白让让（2016）的研究中，就单一个体而言，企业投资的从众行为的确具有理性动机，但从整体来看，仍然是非理性的。而对于中国这样市场化尚在完善中的国家来说，存在大量决策者"非理性的羊群行为"，即盲目地跟风投资，这一过程中并没有自利动机驱动，甚至有可能违背自身利益最大化原则。

二　过剩资产形成的市场调节机制

大量厂商涌入市场、投资过度进入的背后掩藏着以下问题。一方面，在收入变迁过程中，消费结构不断变化，居民消费需求与偏好也不断变化，一个行业市场需求的收缩可能在短时间内就会完成。另一方面，经济波动和突发事件对市场需求的冲击具有及时性。需求快速扩张阶段累积的过剩资产，在遭遇市场容量陡然收缩时，能否有效及时地退出？市场机制是否能及时地修正企业资产配置行为偏差？我们知道了过度资产配置发生的起点，更需要知道其终点。因此，本部分主要分析市场需求全面收缩时，抑制市场机制及时有效地引导过剩资产退出的因素。

（1）投资不可逆性

Dixit 和 Pindyck（1994）提出了"投资不可逆理论"。该理论认为，大多数固定资产投资是不可逆的，投资最终或多或少都会变成"沉没成本"，一旦投入生产和使用就无法通过再次出售该项资产收回投资资金。如果因为市场需求收缩，企业就选择立即退出，这意味着前期大量的投资资金将损失。因此，对于企业来说，面对负向需求冲击时的理性选择必然是在一段时间内保持原有产能继续留守等待，直至更加明确的市场需求收缩信号出现，才会采取下一步行动。但是在等待的过程中，往往是越来越多的厂商意欲退出，退出成本也越来越高昂，由此导致了更严重的产能过剩。

（2）资产专用性

资产专用性用于衡量一项资产能够被重新配置于其他用途或其他

使用者使用而不损失其生产价值的程度。对于制造业企业来说，生产设备往往专用性程度较高，即使行业内存在再调配使用的机会，但是在需求不确定的前提下，同业购置的可能性也极低。结合中国"大市场"的特征以及需求驱动下大量厂商过度涌入市场的现实，一旦需求饱和，大量生产同质产品的厂商很难在短时间内处置生产设备，从而导致过剩产能无法及时退出。

第四节　资产配置与债务融资市场传导机制的理论分析

以 MM 理论为基础发展起来的资本结构理论，通常把企业产品市场的收益假定为服从某个特定概率分布的外生变量，企业融资决策根本不需要考虑产品市场情况，从而导致关于债务融资行为市场机制的相关研究较少。但需要指出的是，经典资本结构理论均是在西方发达国家经济背景下提出的，发达国家的经济发展水平相对稳定，市场供需基本平稳，即使市场出现短期波动也会迅速恢复稳态。在这种情况下，产品市场冲击对企业债务融资行为的影响可能会有所减弱，但市场体量庞大且处于转型中的中国则不然。随着中国经济进入新常态，在外生冲击下需求收缩明显，市场供需形势频繁出现波动，这种特有的经济现象不仅改变了传统债务融资决策与产品市场状态无关的前提假设，更改变了企业负债行为的决定机制，使债务融资决策呈现新特征。因此，探索市场机制下资产配置调整对债务融资行为的影响效应对于供给侧结构性改革"稳杠杆"政策的制定具有重要的意义。

一　市场机制下资产过度进入对债务融资的诱导机制

市场需求的快速扩张和收缩，均会对市场产生一种外生冲击效应。结合中国 2000 年以来的经济发展状态，经济进入新常态以前，中国经济持续高速增长，居民收入显著上升，消费需求增长、消费结构显著变化并产生了多种多样的新需求。这一期间，需求扩张表现为持久性的正向需求冲击。而我国经济进入新常态后，国内外政治、经济和社会环境瞬息万变，这一阶段市场供需形势频繁变化，市场需求常常处于收缩态势，表现为负向需求冲击。本章第三节的理论分析表明需求冲击下市场机制对资产进入与退出的调节作用具有显著的非对称性，作为投资资金重要来源的债务融资需要不断调整以适应资产配置的改变。

当前的投资确立了企业未来的产能布局，也决定了企业未来的收益。由于债务融资的主要目的是服务企业投资，债务融资与资产配置决策之间存在一种协同关系。但是，债务融资不仅是企业投资活动的一项重要资金来源，也是决策者用以调控企业价值的重要手段。根据权衡理论，企业债务融资的选择取决于负债的税盾收益与破产成本之间的权衡。在中国经济高速发展时期，市场上各类经济主体对市场前景充满了乐观预期，企业滋生了强烈的投资意愿并产生了相当大的资金需求。在需求快速上升阶段，从债务融资和投资的资金供需关系来看，一旦需求扩张的帷幕拉开为"投资潮涌"的形成提供市场演变条件和诱因，在对市场前景的一致性乐观预期下，为了保障投资项目的现金流量供给，企业将优先增加债务资金的使用，信贷资金将会随着投资的上升不断涌向企业。

此外，投资也不仅是一种花费。投资可以通过其产生的收入效应影响负债的收益和破产成本，进而影响债务融资决策。相关研究发现，在不完全竞争市场条件下进行产量或者价格竞争的公司，高负债往往能获得更高的产量，在产品市场中更具战略优势，高负债也因此被认为是企业用以提高竞争策略承诺可信度的重要保证。结合中国经济进入新常态前经济高速增长的现实,很多行业表现出初始利润空间很大且市场需求快速扩张的特征。需求的快速扩张,需要厂商不断增加产品产出以填补巨大的需求缺口。在负债投资的过程中,投资增加使得企业预期收益上升,不但直接改善了企业的经营绩效,也会通过提高企业税前抵扣能力抑制未来时期经营亏损抵扣对负债利息抵扣的替代效应,从而有利于降低负债税盾在未来部分或全部损失的可能性。同时,投资自身的"收入效应"也会影响债务融资决策。对于企业而言,负债投资的目的不仅在于获得节税收益,而且是其基于资产布局与整体战略目标,综合考虑未来预期收益与相关成本后的一种战略决策。在市场需求增长的强劲时期,企业负债投资预期收益的上升对企业债务融资会形成强烈的诱导作用,企业将充分利用债务资金扩大经济产出,实现利润最大化。

二 市场机制下过剩资产形成对债务融资退出的抑制效应

作为在工业化道路上迅速发展的国家,制造业企业负债率普遍上升,就这点而言,中国并不是一个特例。但是本轮高杠杆的发生是在2008年国际金融危机后,尤其是中国经济进入新常态后。近年来,国内外社会经济环境变化给市场带来了强烈负向冲击,制造业一些行业中市场需求出现明显的萎缩态势。与以往经济高速发展阶段的市场需求短暂收缩不同,近年来市场需求往往是突发性且持续性的下降,原本预期上升的市场需求突然消失,这种迅速而又深刻的需求变化对企业资产配置和债务融资行为产生了重大影响。根据权衡理论,在需求收缩阶段,企业的破产成本会超出负债的税盾收益,企业应该清偿债务以规避破产所带来的损失。但现实中,市场机制对负向需求冲击下企业债务清偿的引导作用往往存在"失灵"现象,其中投资下降和产能过剩导致的收入效应减退以及专用性资产处置过程中导致的大量价值损失是市场对债务融资调节失效的主要原因。

（1）收入效应减退

Minsky（1982）提出了"金融不稳定假说"，按照债务与收入的关系，他将企业分为对冲型、投机型和庞氏型三种，其中后两种经济主体存在对债务资金的依赖，而这主要源于需求冲击下收入的减少。一方面，在市场需求收缩期，投资风险加大且具有良好前景的投资机会减少，预期投资收入降低；另一方面，资产专用性和投资不可逆性阻碍了产能退出，产能利用率下降进一步恶化了企业的收入和现金流，抑制了企业对债务的清偿。因此，投资下降和产能过剩导致的收入效应减退使企业财务困境成本上升，增强了企业对债务资金的依赖性。

（2）专用性资产价值损失

专用性资产投资增加对企业来说是一把"双刃剑"。一方面，在市场需求上升期，专用性资产投资增加可以为企业提供持续性的高收益，其创造的收入效应是对债权人的一种额外保证，并且专用性资产投资增加往往意味着更好的产品质量，可以提高公司的负债能力。另一方面，在市场需求收缩期，专用性资产变现价值过低，不仅会降低企业的负债能力，还会抑制企业的偿债能力，影响企业的财务困境成本（Shleifer and Vishny，1992）。企业在预期短期内需求复苏无望的情况下，会通过出售闲置资产提高流动性，由于市场中存在大量生产同类商品的厂商，同业企业可能同样面临现金流紧缺的问题，将进一步降低专用性资产的出售价格，进而影响企业的清偿能力。

综合上述分析，在市场调节机制作用下，在需求快速上升阶段，市场对投资和产能进入的强势诱导鼓励了企业的债务扩张行为，大量债务资金涌向企业；但是在需求收缩阶段，市场对囤积的过剩产能退出引导作用的失效，进一步影响了企业的偿债能力，导致企业对债务资金的过度依赖。因此，债务融资与市场需求之间表现出 U 形关系，这源于市场机制下资产配置调整对企业债务融资的差异化影响，具体表现为市场机制对债务资金"进入"的促进作用和"退出"的抑制作用。

第五节　本章小结

本章首先对经典的资本结构理论进行梳理，并以汽车制造业行业为例，对影响资产配置和债务融资的市场需求因素进行了分析。对比了经济进入新常态前后中国市场需求、投资和产能配置以及债务规模的基本特征。

其次，阐释了市场机制下资产过度进入与过剩资产形成的微观机制。一方面，从信息不完全条件下的一致性预期、非理性决策下的预期偏差两方面分析了在需求快速上升期市场需求诱导企业资产过度进入的微观机制。另一方面，从投资不可逆性和资产专用性角度解释了市场需求收缩阶段过剩资产退出的刚性。

最后，对市场机制下资产配置调整对企业债务融资行为的影响进行了理论分析。一方面，在市场需求快速扩张阶段，负债的节税收益以及投资预期收入的增加激励了企业债务扩张行为；另一方面，在市场需求收缩阶段，投资下滑和产能利用率下降导致的收入效应减退抑制了存量债务的退出。因此，债务融资与市场需求之间呈现显著的 U 形关系，这源于市场机制下资产配置调整对企业债务融资的差异化影响，具体表现为市场机制对债务资金"进入"的促进作用和"退出"的抑制作用。

第三章 需求冲击的测度及其对制造业企业资产配置和债务融资影响的统计分析

制造业体现了一个国家的生产力水平，是国家经济之命脉。中国加入 WTO 后，在国内需求快速增长的驱动下，制造业企业的资产和负债规模不断扩大。自 2013 年以来，在前期政策后续冲击、经济换挡期、新结构转型调整期"三期叠加"的影响下，中国经济增速放缓，制造业市场也开始承受不同于以往的持续下行的压力，由此导致了投资下滑、产能过剩和负债率攀升等一系列问题。本章以制造业上市公司为例，基于微观企业数据，采用统计分析方法初步探索了需求冲击下企业债务融资行为规律及资产配置与债务融资决策的市场传导机制。首先，根据制造业上市公司财务数据，构建了需求冲击指标，并在确定需求冲击划分规则后，总结了制造业市场需求冲击的演化趋势；其次，提取剧烈正向需求冲击、温和正向需求冲击及负向需求冲击的样本数据，探索企业债务融资行为的统计特征；最后，对需求冲击下制造业新增投资和产能利用率与资产负债率之间的关系进行了统计分析。

第一节 需求冲击的测度及其统计特征

一 需求冲击的测度

在以往的文献中，学者们对需求冲击的刻画方式可以总结为以下三类：一是通过使用二值变量描述影响市场需求的重大事件（刘星等，2016；闵亮、沈悦，2011；李永友、严岑，2018）；二是使用宏观加总数据设计连续型变量刻画外部整体需求冲击（徐晓慧等，2017；蒋海霞、张永庆，2017）；三是将需求冲击引起的显著的、具有代表性的变化作为需求冲击的度量（苏启林等，2016；Ding et al.，2018）。从微观层面来看，受企业间产品的差异性、消费者偏好等因素的影响，每个企业所面临的市场需求是不同的。根据本书的研究目标，在构建需求冲击代理指标时，采用冲击对企业所造成的影响进行刻画。鉴于企业营业收入指标中包含市场需求和价格两方面的信息，参考 Aghion 等（2012）、胡亚茹等（2018）的刻画方法，采用营业收入增长率作为需求冲击的代理指标。然后，根据营业收入增长率的符号初步区分为正向需求冲击和负向需求冲击，并根据表 3-1 的划分方法进一步将需求冲击划分为剧烈正向需求冲击、温和正向需求冲击、负向需求冲击三个状态。

表 3-1　需求冲击划分方法

初步划分	细分	细分标准
正向需求冲击 （营业收入增长率≥0）	剧烈正向需求冲击	营业收入增长率大于该行业中正向需求冲击企业营业收入增长率中位数
	温和正向需求冲击	营业收入增长率小于等于该行业中正向需求冲击企业营业收入增长率中位数
负向需求冲击 （营业收入增长率<0）	负向需求冲击	营业收入增长率小于 0

二　需求冲击的统计特征

本书选取了 2004~2019 年制造业上市公司数据，数据来自国泰安

（CSMAR）数据库。由于仅用中位数来描述需求冲击没有考虑到企业的个体权重，而使用平均值又容易受到极端值的影响，所以为了更加准确地描述需求冲击特征，对需求冲击的极端值进行处理后，选取中位数和平均值两个指标共同观察需求冲击趋势。如图 3-1 所示，用平均值表示的需求冲击与用中位数表示的需求冲击的趋势基本相同。进一步，根据表 3-1 识别出剧烈正向需求冲击、温和正向需求冲击、负向需求冲击样本，图 3-2 是 2004~2019 年不同需求冲击下企业数占比的变化趋势。

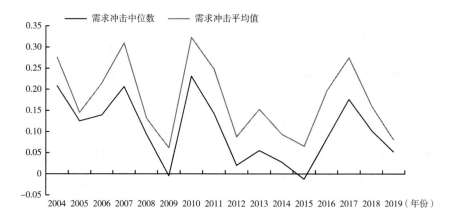

图 3-1　2004~2019 年需求冲击趋势

结合图 3-1 和图 3-2 可知，从变化趋势来看，2005~2007 年，市场环境良好，需求处于持续扩张阶段，负向需求冲击企业数占比一直低于 30%。受 2008 年国际金融危机的影响，2008~2009 年制造业企业遭受收缩性需求冲击，2009 年需求冲击中位数为负，且 2009 年负向需求冲击企业数占比迅速升至 50.27%。虽然在"四万亿"投资刺激政策的推出下，2010~2011 年市场需求短暂回升，正向需求冲击企业数占比迅速上升，分别为 86.91% 和 78.92%。但 2012~2015 年市场需求基本呈现收缩趋势，并在 2015 年跌落谷底，需求冲击中位数再次出现负值。2016~2017 年，虽然市场出现回暖，但是随着中美贸易摩擦的出现，市场需求再次恶化。

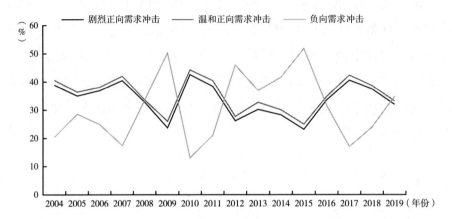

图 3-2　2004~2019 年不同需求冲击下企业数占比变化趋势

为了检验本书所构建的需求冲击指标的合理性，图 3-3 对比了反映制造业行业景气程度的指标——制造业采购经理指数与本书所构建的需求冲击指标——需求冲击中位数 2005~2019 年的波动趋势。

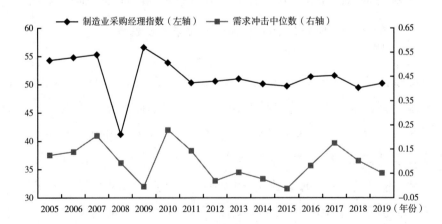

图 3-3　2005~2019 年制造业采购经理指数与需求冲击指标趋势

资料来源：国家统计局、国泰安数据库。

　　如图 3-3 所示，除了 2009 年二者变动趋势明显不同外，其他年份的变动趋势基本保持一致，表明本书构建的需求冲击指标具有合理性，并且本书选取制造业上市公司样本数据进行研究也能够在一定程度上反映制造业的整体情况。造成 2009 年二者背离的原因可能是，在中央政府投资刺激政策出台的初期，尽管行业内对市场充满乐观预期，但是投资刺激政策的施政效果还没有传递到微观企业个体，大多数企业仍然处于金融危机冲击后的市场需求收缩阶段。

第二节　需求冲击下制造业企业债务融资行为的统计分析

　　MM 理论将企业在产品市场上的行为简化为一个"投资—回报"的随机过程，因此，产品市场状态与企业的债务融资决策无关。然而在现实经济中，需求冲击会直接影响企业投资决策以及生产经营活动，赢利能力、举债能力和偿债能力的改变会显著影响负债的收入效应与破产风险之间的平衡关系。在面对需求冲击时，一方面，企业会积极地调整债务融资决策以适应外部环境的变化；另一方面，需求冲击引起的企业自身特征改变也可能对债务融资决策调整形成制约。因此，准确揭示不同需求冲击下企业债务融资行为的规律，可以为当前严峻市场形势下供给侧结构性改革政策的制定提供可靠依据。

　　图 3-4 是非金融企业部门杠杆率与宏观经济景气指数演变趋势，数据分别来源于国家资产负债表研究中心和国家统计局。如图 3-4 所示，中国非金融企业部门的杠杆率出现了四个明显的波动周期：1996~1999 年，非金融企业部门的杠杆率从 83% 上升至 97%；2000~2004 年，从 92% 上升至 106%；2005~2007 年，非金融企业部门的杠杆率微弱下降，从 101% 下降至 96%；金融危机后，2008~2017 年，杠杆率由 95% 飙升至 158%。

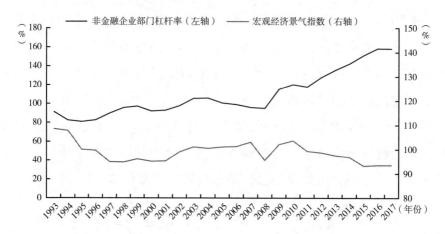

图 3-4 1993～2017 年非金融企业部门杠杆率与宏观经济景气指数演变趋势

宏观经济景气指数也出现了四个明显的波动周期：1996～1998年，宏观经济景气指数从 100% 下降至 95%；1999～2003 年，从 96% 上升至 101%；2004～2007 年，市场进入平稳阶段；2008～2017 年，宏观经济景气指数从 96% 下降至 93%。

总体来看，非金融企业部门杠杆率与宏观经济景气指数既有一致性趋势又存在背离的趋势，二者之间可能存在非线性关系。

本节采用 2004～2019 年 386 家中国 A 股制造业上市公司的平衡面板数据，共计 5408 个样本，基于本章构建的需求冲击指标，按照该指标值的大小对样本进行分组后计算得出各组样本的资产负债率均值，最终刻画出需求冲击转变过程中制造业企业负债水平的演化路径。如图 3-5 所示，企业资产负债率总体上先下降后升高，呈现 U 形变化趋势，说明了企业负债水平的上升不仅存在于负向需求冲击阶段，也存在于剧烈正向需求冲击阶段。

进一步，根据本章第一节对需求冲击的划分方式，选取 2004～2019 年制造业上市公司财务数据，分别计算负向需求冲击、温和正向需求冲击和剧烈正向需求冲击下每一年制造业企业资产负债率均值，

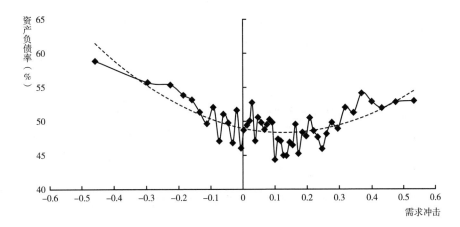

图 3-5   需求冲击下制造业企业整体负债水平的演化路径

资料来源：国泰安数据库。

从而观察企业债务融资行为特征。

如图 3-6 所示，在不同需求冲击下，制造业企业债务融资行为有很大差异。各年份，处于负向需求冲击下企业的资产负债率普遍高于处于正向需求冲击下企业的资产负债率，且温和正向需求冲击下企业的资产负债率基本上是最低的，说明在剧烈正向需求冲击和负向需求冲击下，企业更倾向于增加负债，而在温和正向需求冲击下企业负债水平相对稳定。

综合上述统计分析结果来看，不同需求冲击下企业债务融资行为具有差异性。在剧烈正向需求冲击与负向需求冲击下，制造业企业倾向于提高资产负债率，但处于负向需求冲击下企业的资产负债率显著高于处于剧烈正向需求冲击下企业的资产负债率，而在温和正向需求冲击下企业的资产负债率基本最低。那么，制造业资产负债率与需求冲击之间的非线性关系是企业对市场需求显著变化的一种积极主动的适应性行为还是被动调整的行为呢？

本书采用（发行债券收到的现金+取得借款收到的现金-偿还债务

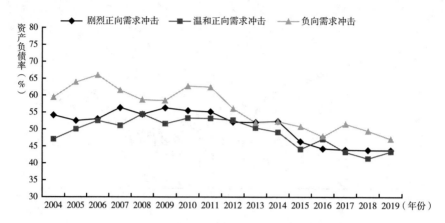

图 3-6 2004~2019 年不同需求冲击下制造业企业债务融资行为趋势

资料来源：国泰安数据库。

支付的现金）/总资产反映企业的净新增负债，用以考察需求冲击下企业负债水平的真实变动情况。

图 3-7 刻画了 2004~2019 年需求冲击下制造业企业净新增负债的演化路径。在需求冲击由负向朝正向转变的过程中，企业净新增负债

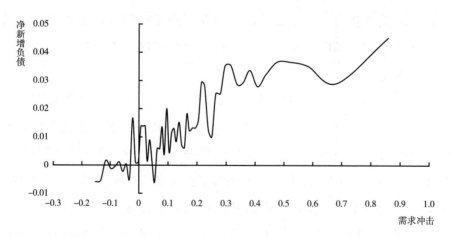

图 3-7 需求冲击下制造业企业净新增负债的演化路径

资料来源：国泰安数据库。

总体在上升。这说明在剧烈正向需求冲击下，制造业企业的确存在债务扩张行为。但是在遭遇负向需求冲击时，企业净新增负债在 0 附近波动，说明企业债务资金并没有显著流出的迹象，由此可以推断在负向需求冲击下企业整体债务的上升并非源于企业主动增加负债，很可能是存量债务清偿困难所造成的负债水平被动提高。

第三节　需求冲击下制造业企业资产配置与债务融资行为的统计分析

资产配置和债务融资是企业经营活动的核心，关乎企业的生存与发展。一方面，投资是企业发展的第一动力，企业的建立、生产和发展都依赖投资活动，企业投资是提高经济发展质量和驱动中国经济高速增长的核心动力（郝颖等，2014）。投资最终形成产能，合理配置产能是制造业发展和产业结构升级的重要一环。另一方面，债务融资是企业资产形成的重要资金来源，企业高负债的形成与其资产配置行为密切相关。因此，探究不同需求冲击下企业投资和产能配置调整与债务融资行为之间的关系，有助于推动供给侧结构性改革的进程，有利于中国经济在"三期叠加"的背景下实现"稳杠杆"与"稳经济"的平衡。

一　需求冲击下制造业企业投资与债务融资行为的统计分析

中国自加入 WTO 以来，经济增长步入了快车道。如图 3-8 和图 3-9所示，2004~2007 年，中国名义 GDP 增速均在 15% 以上；名义 GDP 由 2003 年的 137422 亿元增长到 2007 年的 270092 亿元，仅 4 年就增长了 1 倍。中国制造业固定资产投资由 2003 年的 14690 亿元增长到 2007 年的 44505 亿元，增幅约为 2 倍。在这段时期，国内外旺盛的需求逐步带动中国制造业快速发展：一方面，出口贸易增长对工业制成品的需求贡献明显增加；另一方面，随着经济高速发展，中国居民收入水平的显著提高对需求侧的消费水平和结构产生了巨大的冲击（孙巍、苏鹏，2013），短时间内迸发出的强烈消费需求打破了市场供求均衡，市场需求冲击对制造业投资形成了刚性拉动效应。

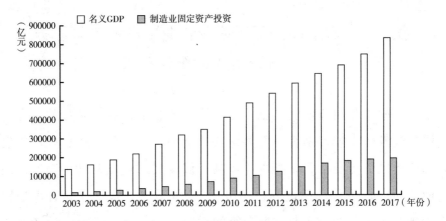

图 3-8　2003~2017 年名义 GDP 与制造业固定资产投资情况

资料来源：国家统计局。

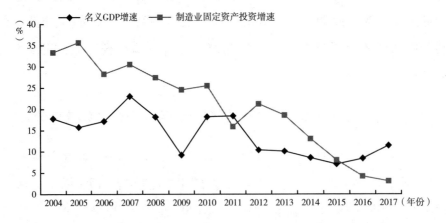

图 3-9　2004~2017 年名义 GDP 增速与制造业固定资产投资增速

资料来源：国家统计局。

2008~2009 年为经济增长快速下降区间，2008 年名义 GDP 增长速度由 2007 年的 23% 下降至 18%，2009 年继续下滑至 9%。2009 年，中国制造业固定资产投资增长速度下降至 25%。2010~2011 年虽然名义 GDP 增长速度再次恢复上涨，这两年均为 18%，但 2011 年制造业固定资产投资增长速度在国家调控下出现下滑。2012~2015 年，随着中国经济进入新常态，国内需求收缩加之前期囤积的过剩产能无法释放，名义 GDP 与制造业固定资产投资增长速度同步下降。而 2016~2017 年，即使名义 GDP 增长速度再次微弱上升，但是在需求不旺与"去产能"的大环境下，制造业固定资产投资增长速度依然下调。

近年来，我国市场供求形势频繁转换，为本书的研究提供了良好的时机。我国经济进入新常态之前，国内外庞大的市场需求对制造业投资产生了强有力的诱导作用，制造业企业投资持续增长。然而，中国经济进入新常态后，需求萎缩导致制造业投资增速迅速下滑至 5% 以下。

融资并形成债务，以及作为其镜像的投资是工业化社会正常运行的必要条件。从投融资的关系来看，债务融资主要是服务于企业投资，企业对负债的调整往往是在投资活动中产生的。因此，在企业债务融资研究中，应该以负债行为的目的为起点，探索企业投资与债务融资行为之间的关系。图 3-10 是工业企业资产负债率与制造业固定资产投资同比增速的变动趋势。由图 3-10 可知，制造业固定资产投资同比增速（以下简称"投资增速"）在 2013 年第一季度至 2016 年第三季度处于快速下降阶段，而这一时期工业企业资产负债率也一路下滑；2016 年第四季度至 2017 年第四季度，工业企业资产负债率和投资增速同处于低位小幅震荡期；2018 年第一季度至 2018 年第三季度，随着投资增速的上升，工业企业资产负债率也迅速上升；2018 年第四季度至 2019 年第四季度，投资增速出现明显下降，而同期工业企业资产负债率呈现先上升后下降态势。总体来看，投资与债务融资之间既有背离又有一致性趋势，呈现非线性关系，投资与债务融资之间的作用关系可能不仅仅受到资金供求效应的影响。

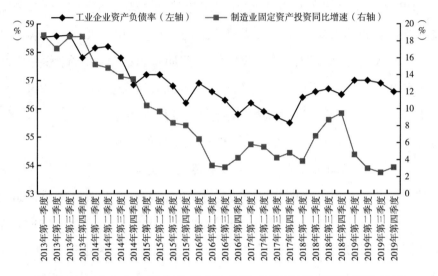

图 3-10 工业企业资产负债率与制造业固定资产投资同比增速

资料来源：国家统计局。

本书进一步采用 2004~2019 年制造业上市公司数据，考察不同需求冲击下新增固定资产投资与资产负债率之间的关系。新增固定资产投资的计算方法详见本书第六章变量设计。

如图 3-11 所示，不同需求冲击下企业投资与债务融资之间的关系具有很大的差异性。在剧烈正向需求冲击下，企业新增固定资产投资普遍高于温和正向需求冲击、负向需求冲击下的新增固定资产投资，而企业的资产负债率略低于负向需求冲击下的资产负债率。在温和正向需求冲击下，企业资产负债率总体上最低，说明当企业意识到市场需求增长趋缓时，将减少负债投资的行为。在负向需求冲击下，投资机会下降且风险上升，企业普遍减少投资，但是企业负债率是最高的，这意味着在市场需求大幅下跌时，投资的收缩不但不会减少企业对债务资金的需求，还将推升企业的资产负债率。

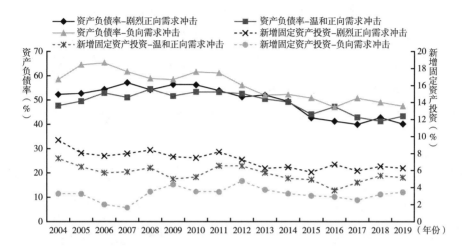

图 3-11　2004~2019 年不同需求冲击下投资与债务融资行为趋势

资料来源：国泰安数据库。

二　需求冲击下制造业企业产能利用率与债务融资行为的统计分析

改革开放 40 余年来，制造业的快速发展无疑为中国经济高速增长提供了有力支撑。但是在制造业发展的过程中，行业性产能过剩频繁发生，特别是我国经济步入新常态后，产能过剩问题涉及领域更广，影响程度更深（黄群慧，2014）。产能过剩不仅成为制约当前制造业发展和产业结构升级的突出问题，更是导致企业部门杠杆率结构性过高的重要原因。因此，探究需求冲击下企业产能配置与债务融资行为特征，有助于政府了解"去产能"与"去杠杆"之间的内在联系，为实施供给侧结构性改革提供新思路。

图 3-12 刻画了工业企业景气程度与产能利用率的变动趋势。自

2013 年中国经济进入新常态以来，工业企业市场状态迅速发生变化，需求收缩导致工业企业产能利用率大幅下降。2016 年第一季度至 2017 年第一季度，随着国内外经济的回暖，加之"去产能"政策效果逐渐显现，工业企业产能利用率迅速上升，并在 2017 年后进入稳定阶段。总体来看，工业企业景气程度与产能利用率之间表现出同向变动趋势，扩张的市场需求有利于企业提高产能利用率，而在市场收缩期，由于产能的调整并不能瞬时完成，存量资产将闲置，企业产能利用率下降。

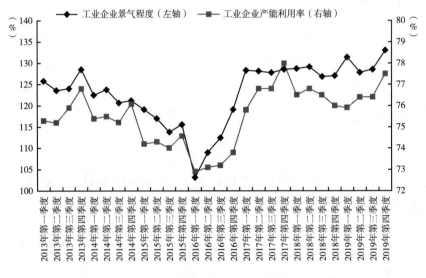

图 3-12 工业企业景气程度与产能利用率变动趋势

资料来源：国家统计局。

图 3-13 刻画了工业企业产能利用率与资产负债率变动趋势。总体来看，工业企业产能利用率与资产负债率呈现反向变化趋势，在产能利用率显著提高的时期，资产负债率显著下降；而产能利用率下降时，资产负债率往往会上升。

本书基于 2004~2019 年制造业上市公司数据，用年度均值刻画了

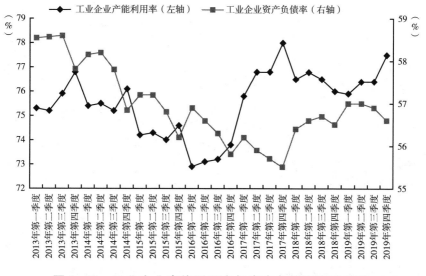

图 3-13 工业企业产能利用率与资产负债率变动趋势

资料来源：国家统计局。

企业产能利用率与债务融资行为的趋势，其中企业产能利用率用营业收入/固定资产净额衡量。

如图 3-14 显示，市场需求状态越好，企业产能利用率越高，在剧烈正向需求冲击、温和正向需求冲击下企业的产能利用率大多高于负向需求冲击下企业的产能利用率，但是企业的资产负债率均低于负向需求冲击下企业的资产负债率。与相关研究结论一致，负向需求冲击下产能利用率越低、产能过剩程度越高的企业，其负债水平往往越高。

第四节 本章小结

本章选取 2004~2019 年制造业上市公司样本数据，基于企业财务数据构建了需求冲击指标，并识别出剧烈正向需求冲击、温和正向需

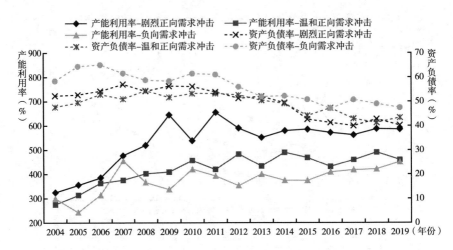

图 3-14　2004~2019 年不同需求冲击下产能利用率与债务融资行为趋势

资料来源：国泰安数据库。

求冲击和负向需求冲击的样本后，对不同需求冲击下企业资产配置和债务融资行为的变动趋势进行了全面统计分析。

首先，基于制造业上市公司样本数据构建了需求冲击的代理变量，通过对比本书构建的需求冲击指标与制造业行业景气程度指标的变动趋势，确定了本书指标构建的合理性。在此基础上，观察需求冲击下企业负债水平的变动趋势后发现，需求冲击与制造业企业资产负债率之间存在显著的 U 形关系，与净新增负债之间则表现为同向变动关系。这表明在剧烈正向需求冲击下，制造业企业的确存在债务扩张行为；但是在负向需求冲击下，企业整体负债水平的上升可能是存量债务清偿困难所造成的负债水平被动增加。

其次，从需求冲击下企业投资和债务融资行为来看，不同需求冲击下企业的投资和债务融资行为具有较大差异。在剧烈正向需求冲击下，新增固定资产投资水平最高，资产负债率也较高，二者具有一定的同向变动趋势；而在负向需求冲击下，新增固定资产投资水平最低，但其资产负债率最高，二者表现为反向变动趋势。上述结果表明，需求冲击下投资与负债水平之间可能存在非线性关系。

最后，对比分析不同需求冲击下企业产能利用率与债务融资行为的变动趋势。本书发现，企业产能利用率与资产负债率负相关。

总体来看，在市场需求繁荣时期，企业倾向于通过更多借债进行投资获得更高的收益。然而，企业在加杠杆的过程中，乐观的预期使与之相关的风险往往被忽视。一旦需求急转直下，投资下滑和产能利用率下降导致以往累积的高负债风险将不断凸显，负债水平显著上升。

第四章 需求冲击下制造业企业债务融资行为的市场调节机制

自 MM 理论提出以来，企业在产品市场上的收益一直被假定为外生决定的，与企业债务融资决策无关，从而导致在企业债务融资行为的一般性学术研究中，产品市场环境影响因素的研究一直处于边缘状态。而在现实经济中，企业债务融资行为与其所处市场的需求状态之间存在密不可分的联系。尽管在产业组织理论和资本结构理论学科交叉的基础上，现有研究证实了产品市场需求冲击对企业债务融资决策具有重要影响，但多数研究侧重于分析市场需求波动情况下的债务融资选择对企业市场竞争优势地位的影响，鲜有文献具体研究产品市场需求冲击对企业负债行为的直接作用机制。

改革开放后的很长一段时间内，中国经济高速增长，居民收入水平发生快速显著的变迁，并触发了耐用品市场消费规模的排浪式升级，导致市场供需形势频繁出现强烈的波动。这种特有的经济现象不仅改变了传统债务融资决策与产品市场状态无关的前提假设，更改变了企业债务融资行为的决定机制，使债务融资决策呈现新特征。在这种背景下，从产品需求冲击视角研究中国企业负债行为规律不仅是一个新兴研究方向，也使传统债务融资理论融入了中国特色。尤其是现阶段，经济增速的放缓进一步加剧了制造业债务风险外溢，对金融系统和宏观经济的稳定运行产生了影响。因此，本章以制造业上市公司微观样本数据为基础，实证检验了产品市场需求冲击对企业负债水平的作用，探究市场对企业债务融资行为的非对称诱导机制。

第一节　国内外研究现状

已有关于企业债务融资影响因素研究的文献大部分集中于对企业自身内部特征因素的探讨，强调公司规模、赢利能力、成长性、非债务税盾、资产抵押价值等因素对企业债务决策的影响（陆正飞、辛宇，1998；沈根祥、朱平芳，1999；洪锡熙、沈艺峰，2000；肖作平、吴世农，2002；童盼、陆正飞，2005；王瑞云、段华友，2018；Faulkender et al.，2012）。但 Welch（2004）指出，在研究中，单纯讨论企业层面因素而忽视外部环境因素，得到的关于企业债务决策的影响作用机制是不全面的，易出现遗漏问题。可见利用传统的赢利能力、税收成本等公司层面的变量并不能完全解释企业债务融资的决策选择。

企业作为市场经济中独立经营、自主决策的经济主体，其债务融资决策必然受到需求冲击的影响和制约。在现有的关于需求冲击对企业债务融资行为影响的研究中，宏观经济周期相关文献给出了在需求扩张期企业更倾向于增加负债的间接证据。吕峻和石荣（2014）实证发现，中国上市公司的负债率是顺周期变化的，虽然从短期来看，资金供给变化会导致公司负债率出现短暂偏离；但从长期来看，权衡理论是反映公司融资结构变化的"战略"理论。付连军和王文举（2015）从信息不完全性角度研究发现，在面对正向需求冲击时，为了实现股东利益最大化的目标，企业将通过增加负债向外界投资者传递企业发展状况良好的信号。

理论和相关实证研究中也不乏需求收缩期企业会增加负债的观点和证据。舒海棠和万良伟（2015）以中国制造业上市公司为样本，研究发现在衰退期，融资渠道变窄容易导致融资约束型公司降低资产负债率，而非融资约束型公司更倾向于提高资产负债率。Levy 和 Hennessy（2007）建立了一个可计算一般均衡（CGE）模型，从委托代理角度分析了经济波动对企业融资行为的影响，研究发现公司债务存在逆周期性是因为在衰退期，为了维护自身利益，管理层倾向于用债务代替权益，从而导致负债上升，而扩张期则恰恰相反。苏冬蔚和曾海舰（2009）认为衰退期企业增加负债是现金流短缺所导致的企业主动增加外源性资金的结果，即中国上市公司的负债行为符合优序融资理论。

也有研究发现，债务融资与市场需求之间可能存在非线性关系。汤丹沁（2008）研究了产品市场上需求显著的随机变化对企业债务融资决策的影响。他将需求分为剧烈上升、温和上升、温和下降和剧烈下降四个区制后发现，由于需求上升期负债产生的有限责任效应超过了预期破产成本，上升性的需求冲击成为企业增加负债的驱动力，需求温和下降冲击将导致企业减少负债以降低破产概率，而在需求剧烈下降的冲击下，或者寡头企业全部退出市场，或者落后一方的寡头企业陷入财务困境。

完全相悖的结论意味着迄今为止，学术界对于宏观经济周期波动过程中市场需求变化对企业负债水平的影响仍然无法给出一个公认的、肯定的答案。上述研究在一定程度上值得借鉴，但是这些研究多侧重于进行企业债务融资行为的周期性研究，而事实证明，对于我国制造业企业债务上升的问题仅从宏观层面寻求解释并给予解决是不够的，所以要结合我国特有的国情，利用相关理论从产品需求冲击视角厘清企业微观负债行为规律，探寻制造业企业高杠杆产生的根源，进而确定化解对策是十分必要的。

第二节　理论分析与研究假设

作为市场经济中独立决策的主体，企业需要通过观察需求量和价格信号的变化趋势预测未来的市场前景，进而做出债务融资决策。根据现代财务理论，债务融资不仅是企业的一项重要资金来源，而且由于负债能够为企业产生节税收益，因此成为决策者用来调控企业价值的重要手段。虽然随着企业债务的增加，破产风险上升，破产成本对企业债务融资行为的抑制作用增强，但是在剧烈正向需求冲击下，破产风险较低且预期收益上升，为了利用负债的税盾效应，企业会在投资资金中增加债务融资的比重，负债投资意愿强烈。因此，在破产风险极低的市场需求扩张期，伴随着需求量与价格持续上升而来的大规模投资活动无疑会促使企业增加债务融资以享受负债利息税盾的价值促进红利。

此外，债务融资具有有限责任效应，这意味着企业通过负债融资方式进行投资的收益全部由股东享有，而一旦企业不能按期偿还贷款，对于企业蒙受的损失，股东仅承担有限的责任。在市场需求上升期，由于负债产生的有限责任效应远远超过了负债预期破产效应，企业将通过更多地使用负债扩大产能，以期在产品市场上获得更大的竞争优势。鉴于此，本章提出以下假设。

H1：在剧烈正向需求冲击下，积极的市场信号将激励企业主动扩大债务融资规模。

在负向需求冲击下，企业赢利能力下降导致经营现金流减少，增加了企业对外部资金的依赖性。黄少卿和陈彦（2017）认为现实中存在大量的僵尸企业依附于政府和金融机构的信贷补贴存活，意味着在收缩期，部分现金流匮乏的企业可能会通过增加负债的方式维持经营。姜付秀和刘志彪（2005）则认为由于上市公司是众多企业中质量较为优秀的企业，尽管产品市场需求收缩导致企业经营环境恶化，但越是在不利的环境下，越容易因政府的干预而获得金融机构的贷款。

从负债的有限责任效应来看，在低迷的市场需求条件下，虽然企业的收益可能不足以偿还债务，但是由于债务的有限责任效应使债权人承担了低需求带来的部分损失，企业倾向于通过增加负债分摊风险和损失。可见，在收缩期消极的市场信号作用下，企业更倾向于使用债务融资的方式维持生产经营以降低风险和损失。由此，本章提出以下假设。

H2a：在负向需求冲击下，消极的市场信号将诱导企业主动增加负债，债务融资规模扩大。

但现实中，从资金供给方来看，在市场需求收缩期，资金供给方的风险厌恶程度增加，普遍存在"惜贷""惜投"现象。金融机构出于自身风险的考虑，对处于市场需求低谷且经营业绩堪忧的企业给予更多信贷资金支持的可能性较低，这意味着企业主动增加负债的可能性大大降低。从资金需求方来看，随着市场需求量与价格的下降，企业经营绩效下滑直接导致现金流减少，陷入财务困境的企业可支配的现金流可能仅能够覆盖利息支出而不能偿还本金，因而被迫展期，更有甚者，利息支付都出现困难。由于存量债务无法"退出"，企业负债水平会出现由债务违约导致被动提升的现象。

同时，由于中国制造业长期以来依靠投资来拉动经济增长，市场高扩张期的"投资潮涌"现象极易出现（林毅夫，2010），从而形成大量的固定资产积累。根据交易成本理论，当专用性资产用于其他的用途或调配给其他企业时，其自身价值将大大降低（Williamson，1988）。在市场下行期，资产专用性会造成其清算价值低于最佳使用价值，对企业的偿债能力造成不利影响（Shleifer and Vishny，1992）。因此，一旦遭遇市场需求剧烈收缩，由于制造业企业专用性资产具有有限的可调配性，大批闲置固定资产的出售价值将会大幅折损，这将进一步加剧收缩期企业的财务困难，企业负债水平可能根本不存在向下调整的机会，直接进入庞氏融资阶段。由此可见，在市场需求遭受负向冲击时，消极的市场信号将会加剧企业的财务风险，导致企业债务被动上升。基于上述分析，本章提出以下假设。

H2b：在负向需求冲击下，消极的市场信号导致财务风险上升，负债水平会随着债务违约事件的增加而被动上升。

第三节　需求冲击下债务融资行为的市场调节机制研究

一　企业整体与净新增负债水平模型的构建

为了准确揭示不同需求冲击下市场需求量和价格信号对企业债务融资行为的差异化影响，一项重要工作是准确掌握企业债务水平的真实变化情况。在以往对企业负债的研究中，通常采用资产负债率、负债权益比、有息债务比这类"静态"的负债水平指标作为被解释变量，但是上述指标只能反映某一时刻企业负债水平的高低状态，无法反映信贷资金"流量"及"流向"上的变化，也就不能确定市场收缩期企业债务规模的真实变化规律以及债务"进入"与"退出"的路径。针对这一问题，本书同时构建了反映"总量"的企业整体负债水平模型以及反映"增量"的企业净新增负债水平模型，可以更加清晰地看到一段时期内企业负债水平的调整过程及调整后的结果。

对于微观经济主体而言，相较于行业或宏观层面的外部环境因素，企业各自所面对的市场供求关系变化对债务决策的影响最为直接。需求量和价格的波动均是市场供求形势转换的体现，可以反映市场的容量和赢利的可能性，因此追求利润最大化的企业必将通过观察市场需求量与价格的变化趋势，在对市场前景做出预判后适时调整债务融资决策以达到最优化。鉴于此，可以考虑在模型中引入反映市场需求量和价格信号的变量。

$$Lev_{it} = \alpha_0 + \alpha_1 Demd_{it} + \alpha_2 Pric_{it} + \varepsilon_{it} \qquad (4-1)$$

$$Nliablty_{it} = \beta_0 + \beta_1 Demd_{it} + \beta_2 Pric_{it} + \xi_{it} \qquad (4-2)$$

其中，Lev 表示企业整体负债水平，$Nliablty$ 表示企业净新增负债水平，$Demd$ 为需求量信号，$Pric$ 为价格信号，ε 和 ξ 为随机扰动项。

处于不同需求冲击下企业的债务融资行为具有差异性。因此，本书将需求冲击划分为剧烈正向需求冲击、温和正向需求冲击、负向需求冲击三个阶段，设置了虚拟变量，在模型中引入了需求量和价格信号与需求冲击虚拟变量的交互项，其系数可以反映在剧烈正向需求冲击、温和正向需求冲击、负向需求冲击阶段，市场需求量和价格信号对企业整体及净新增负债水平的差异化影响。

$$Lev_{it} = \alpha_0 + \alpha_1 Demd_{it} + \alpha_2 Pric_{it} + \alpha_3 Demd_{it} \times S_{it} + \\ \alpha_4 Pric_{it} \times S_{it} + \varepsilon_{it} \qquad (4-3)$$

$$Nliablty_{it} = \beta_0 + \beta_1 Demd_{it} + \beta_2 Pric_{it} + \beta_3 Demd_{it} \times S_{it} + \\ \beta_4 Pric_{it} \times S_{it} + \xi_{it} \qquad (4-4)$$

其中，S 为市场需求冲击状态，$Demd \times S$ 为需求量信号与需求冲击虚拟变量的交互项，$Pric \times S$ 为价格信号与需求冲击虚拟变量的交互项，其他变量定义与前文相同。

此外，由于微观企业债务结构的调整还受到企业自身特征因素以及行业和宏观层面外部环境因素的影响，因此将赢利能力、抵押担保能力、企业规模、竞争能力、年份及行业虚拟变量引入模型中。为了缓解内生性问题，控制变量均采用滞后项。综上所述，企业整体负债水平模型和企业净新增负债水平模型的最终设定形式如式（4-5）和式（4-6）所示：

$$
Lev_{it} = \alpha_0 + \alpha_1 Demd_{it} + \alpha_2 Pric_{it} + \alpha_3 Demd_{it} \times S_{it} + \alpha_4 Pric_{it} \times S_{it} +
$$
$$
\alpha_5 Profit_{i,t-1} + \alpha_6 Tang_{i.t-1} + \alpha_7 Size_{i,t-1} + \alpha_8 Comp_{i,t-1} +
$$
$$
\alpha_9 \sum Industry + \alpha_{10} \sum Year + \varepsilon_{it}
$$

$$(4-5)$$

$$
Nliablty_{it} = \beta_0 + \beta_1 Demd_{it} + \beta_2 Pric_{it} + \beta_3 Demd_{it} \times S_{it} + \beta_4 Pric_{it} \times
$$
$$
S_{it} + \beta_5 Profit_{i,t-1} + \beta_6 Tang_{i.t-1} + \beta_7 Size_{i,t-1} +
$$
$$
\beta_8 Comp_{i,t-1} + \beta_9 \sum Industry + \alpha_{10} \sum Year + \xi_{it}
$$

$$(4-6)$$

其中，$Profit$ 表示赢利能力，$Tang$ 表示抵押担保能力，$Size$ 表示企业规模，$Comp$ 表示竞争能力，$Industry$ 表示行业虚拟变量，$Year$ 表示年份虚拟变量，其他变量定义与前文相同。

二　微观样本企业数据说明和变量设计

（1）微观样本企业数据说明

在数据选择的过程中，考虑到本书的研究目标，只有利用企业层面微观样本数据才能准确刻画企业面临的差异化市场需求冲击。此外，制造业作为实体经济的核心产业，不但深受需求冲击的影响，其债务过高的问题更为突出。因此，本书选取了 2004~2019 年沪深 A 股中行业代码为 C13~C43 的制造业上市公司财务数据作为研究样本，所有数据均来源于国泰安（CSMAR）数据库中的财务年报和财务报表附注。在样本筛选的过程中，首先，剔除了主要数据缺失的样本；其次，考虑到企业资产负债率取值通常在 0 和 1 之间，剔除了数据中资产负债率为 0、等于 1 或大于 1 的 277 个观测值，最终样本包含 1251 家企业共计 12048 个观测样本；最后，为了降低离群值对研究结果的影响，对所有连续型变量进行上下 1% 的缩尾处理（Winsorize）。

（2）基于微观样本企业数据的变量设计

如何从企业的财务数据中捕捉到市场传达的供求信息，构建能够准确反映市场需求量信号、价格信号以及需求冲击的代理指标是本书研究的起点与关键，下文介绍每个变量的选取和设计思路。

在被解释变量企业整体负债水平 Lev 代理指标的选取上，为了保证企业间具有可比性，现有研究一般采用资产负债率、有息负债率来考察企业整体负债水平。但是，考虑到资产负债率可以全面衡量不同融资渠道和融资方式下企业整体负债情况，本章采用资产负债率作为企业整体负债水平的代理指标。

关于净新增负债水平 Nliablty 指标的构建，首先通过计算"发行债券收到的现金+取得借款收到的现金-偿还债务支付的现金"得到一个会计年度内企业债务的净增加值，然后将其与总资产的比值作为最终度量净新增负债水平的指标，该指标反映了一段时期内企业通过债务融资方式所获得的资金的流动方向和流量大小，可以真实、清晰地反映企业融资规模的扩张与收缩。

需求冲击 S 的选取。在刻画需求冲击时，以往文献多使用宏观经济数据或行业景气指数。但从微观层面来看，由于企业间产品的差异性、消费者偏好等因素的存在，每个企业所面临的市场需求是不同的，也就意味着基于汇总数据所构建的需求冲击指标无法反映微观个体的差异化需求状态。赵天宇和孙巍（2015）认为市场供求信息通常会反映在公司日常经营的一系列财务数据中，基于企业财务数据计算整合的需求冲击指标更加合理。鉴于财务数据中的营业收入包含价格和需求量两方面因素的信息，可以综合反映市场供需形势的变化，本书借鉴孙巍和董文宇（2019）、孙巍等（2020）的设计思路，采用企业营业收入增长率作为需求冲击的代理指标，并根据第三章第一节中需求冲击测度的方式，识别出剧烈正向需求冲击、温和正向需求冲击、负向需求冲击样本，不同需求冲击的企业样本分布情况如表4-1所示。

如表4-1所示，2005~2007年、2009~2010年以及2015~2017年均为正向需求冲击企业样本占比上升时期，说明这些时段制造业市场需求均处于上升期。而2007~2009年、2013~2015年以及2017~2019年均为负向需求冲击企业样本占比上升时期，这与2008年国际金融危机、2013年中国经济进入新常态以及2018年开始的中美贸易摩擦所导致的制造业整体低迷的客观现实相符。上述企业样本分布变化趋势与现实中我国经济形势基本保持一致，表明本书对于需求冲击的划分标准是合理的。

表4-1　2004~2019年不同需求冲击的企业样本分布情况

年份	样本数（个）	企业样本分布（个）			占比（%）		
		剧烈正向需求冲击	温和正向需求冲击	负向需求冲击	剧烈正向需求冲击	温和正向需求冲击	负向需求冲击
2004	693	272	265	156	39.25	38.24	22.51
2005	708	253	265	190	35.73	37.43	26.84
2006	716	270	284	162	37.71	39.66	22.63
2007	709	292	307	110	41.18	43.30	15.51
2008	706	238	243	225	33.71	34.42	31.87
2009	686	163	181	342	23.76	26.38	49.85
2010	678	298	304	76	43.95	44.84	11.21
2011	677	267	280	130	39.44	41.36	19.20
2012	680	181	190	309	26.62	27.94	45.44
2013	717	218	236	263	30.40	32.91	36.68
2014	715	202	219	294	28.25	30.63	41.12
2015	741	172	186	383	23.21	25.10	51.69

年份	样本数（个）	企业样本分布（个）			占比（%）		
		剧烈正向需求冲击	温和正向需求冲击	负向需求冲击	剧烈正向需求冲击	温和正向需求冲击	负向需求冲击
2016	775	259	275	241	33.42	35.48	31.10
2017	860	354	354	152	41.16	41.16	17.67
2018	980	369	387	224	37.65	39.49	22.86
2019	1007	323	323	361	32.08	32.08	35.85

需求量信号 *Demd* 的构建。本章需要构造一个能够准确反映每家企业各自所面对的市场需求量变化的指标，虽然部分文献以营业收入或其变形后的指标作为对市场需求量的度量，但是由于营业收入中包含需求量和价格两方面因素的信息，因此无法将需求量信息单独剥离出来。鉴于企业产成品库存的波动往往可以反映市场需求量情况，一般情况下，当市场需求量增加时，产成品库存下降，而产成品库存周转率将会上升（Jesse，1986），本章采用产成品库存周转率作为市场需求量的代理指标。但是由于行业属性不同，产成品库存管理具有较大的差异性，为了消除行业性质差异对产成品库存周转率的影响，本章最终构建了产成品库存周转率与该行业产成品库存周转率中位数的比值来表征市场需求量信号。

价格信号 *Pric* 的设计。由于财务报表提供的数据中除了营业收入外，并没有能够独自体现市场价格信息的指标，因此，本章对于价格信号指标的设计思路是将营业收入中的需求量因素剔除，保留市场价格的信息。Huizinga（1993）使用成本利润率作为价格的代理变量，本章借鉴其变量构建方法，首先通过将营业收入与营业成本做比，消除需求量因素的影响，得到产品与生产要素的相对价格，再对其做对数化处理，将得到的企业产品市场相对价格指数作为市场价格信号指标。

本章所有变量的符号、名称和说明如表4-2所示。

表 4-2　变量描述

变量符号	变量名称	变量说明
Lev	整体负债水平	总负债/总资产账面值
Nliablty	净新增负债水平	(发行债券收到的现金+取得借款收到的现金-偿还债务支付的现金)/总资产
Demd	需求量信号	{营业成本/[(年初产成品库存+年末产成品库存)/2]}/行业产成品库存周转率中位数
Pric	价格信号	ln(营业收入/营业成本)
S	需求冲击	(本年营业收入-上年营业收入)/上年营业收入
S1	剧烈正向需求冲击	$S1=1$ 表示剧烈正向需求冲击,$S1=0$ 表示其他
S2	温和正向需求冲击	$S2=1$ 表示温和正向需求冲击,$S2=0$ 表示其他
Profit	赢利能力	净利润/总资产
Tang	抵押担保能力	(固定资产净额+存货净额)/总资产
Size	企业规模	营业收入的对数
Comp	竞争能力	营业利润/营业收入
Industry	行业虚拟变量	按照中国证监会 2012 年修订的 C13~C43 制造业行业分类标准设定虚拟变量
Year	年份虚拟变量	按照年份 2004~2019 年设定了 15 个虚拟变量

表 4-3 是全样本以及划分需求冲击后分样本描述性统计的结果，其中变量的最小值与最大值均是未经过缩尾处理的值。从全样本来看，需求量信号 Demd 的均值和标准差分别为 1.6625 和 2.4909，价格信号 Pric 的均值和标准差分别为 0.2868 和 0.2604，说明随着近年来中国市场形势频繁变化，需求量和价格信号呈现较大的波动性。从分样本来看，当市场需求由剧烈正向需求冲击向负向需求冲击变化时，需求量信号 Demd 和价格信号 Pric 的中位数均表现出递减趋势。

从分样本来看，由剧烈正向需求冲击阶段向负向需求冲击阶段变动的过程中，企业整体负债水平 Lev 的中位数由剧烈正向需求冲击期的高位先下降，在温和正向需求冲击期形成一处"拐点"后上升，并在负向需求冲击期达到最高值，呈现 U 形变化趋势。而企业净新增负债水平 *Nliablty* 的中位数随着市场需求冲击的下降呈现明显下降趋势，且剧烈正向需求冲击期企业净新增负债水平 *Nliablty* 的中位数远高于温和正向需求冲击期和负向需求冲击期，说明净新增负债水平与需求冲击可能存在同向变动关系。从统计数据来看，随着市场需求的变动，企业整体负债水平与净新增负债水平的变化趋势并不一致，要清晰地解释这一现象产生的原因和形成机制，需要通过构建企业整体负债水平模型和企业净新增负债水平模型，并根据实证结果进行进一步深入分析。

表 4-3 回归变量的描述性统计结果

变量	分组	样本数（个）	均值	标准差	中位数	最小值	最大值
Lev	全样本	12048	0.4880	0.1944	0.4938	0.0071	0.9994
	剧烈正向需求冲击	4131	0.4926	0.1826	0.4978	0.0218	0.9970
	温和正向需求冲击	4352	0.4742	0.1869	0.4816	0.0071	0.9986
	负向需求冲击	3565	0.4997	0.2146	0.5041	0.0084	0.9994
Nliablty	全样本	12048	0.0121	0.0725	0.0014	-10.7019	0.7215
	剧烈正向需求冲击	4131	0.0231	0.0746	0.0105	-0.7820	0.7215
	温和正向需求冲击	4352	0.0121	0.0664	0.0010	-0.8609	0.4025
	负向需求冲击	3565	-0.0005	0.0750	0	-10.7019	0.5663

续表

变量	分组	样本数（个）	均值	标准差	中位数	最小值	最大值
Demd	全样本	12048	1.6625	2.4909	1	0.0017	723.0596
	剧烈正向需求冲击	4131	1.7859	2.5841	1.0716	0.0294	723.0596
	温和正向需求冲击	4352	1.6329	2.4300	1	0.0088	443.6239
	负向需求冲击	3565	1.5605	2.4491	0.9360	0.0017	287.9777
Pric	全样本	12048	0.2868	0.2604	0.2159	−0.9185	6.8580
	剧烈正向需求冲击	4131	0.3215	0.2904	0.2361	−0.4154	2.6458
	温和正向需求冲击	4352	0.2971	0.2437	0.2265	−0.3181	6.8580
	负向需求冲击	3565	0.2340	0.2336	0.1802	−0.9185	4.2361

三　企业整体与净新增负债水平模型的实证研究结果与分析

基于前文中的模型设定，本部分实证检验了不同需求冲击下的企业在面对需求量和价格信号时整体负债水平和净新增负债水平的调整路径。在计量模型的选择上，一方面考虑到采用财务数据构建需求量和价格信号指标可能存在内生性问题，另一方面考虑到企业负债行为可能存在惯性，上期负债水平会对本期负债水平产生重要影响，在计量模型中引入被解释变量的滞后一期值，并引入需求量和价格信号的滞后项及其与需求冲击虚拟变量的交互项作为工具变量，采用系统矩估计（SYS-GMM）方法对模型进行估计。

为了避免出现伪回归问题，在实证分析前，进行面板单位根检验。由于本章选取了非平衡面板数据，因此采用 Fisher 面板单位根检验方法对各变量的平稳性进行检验。如表 4-4 所示，所有变量的四个统计量均强烈拒绝面板单位根的原假设，相应的 P 值均为 0，说明经检验各变量均是平稳的。

表 4-4　Fisher 面板单位根检验

变量	Inverse chi-squared	Inverse normal	Inverse logit t	Modified inv. chi-squared
Lev	3434.9507 ***	−30.5843 ***	−31.2842 ***	38.5223 ***
Nliablty	4370.2240 ***	−42.3162 ***	−43.9445 ***	56.2099 ***
Demd	3646.9472 ***	−32.5404 ***	−33.8503 ***	42.5315 ***
Pric	3022.6094 ***	−26.1797 ***	−26.3936 ***	30.7242 ***
Profit	3764.8415 ***	−34.6233 ***	−35.6677 ***	44.7611 ***
Tang	3693.6094 ***	−34.2815 ***	−35.0982 ***	43.4140 ***
Size	3144.6045 ***	−27.2360 ***	−27.7103 ***	33.0313 ***
Comp	3573.4675 ***	−31.6268 ***	−32.7766 ***	41.1419 ***

注：*** 表示在 1% 的置信水平下显著。

（1）企业整体负债水平的实证研究结果与分析

表 4-5 给出了企业整体负债水平模型的回归结果。从模型 SYS-GMM（1）和 SYS-GMM（3）的回归结果来看，不同需求冲击下企业整体负债水平对需求量信号的反应具有较大的差异性。在剧烈正向需求冲击下，需求量信号 *Demd*+*Demd*×*S*1 的回归系数在所有方程中都通过了 F 检验且 *Demd*×*S*1 的回归系数在 1% 的置信水平下显著为正，表明需求上升对企业整体负债水平具有显著的正向影响；而在温和正向需求冲击下，需求量信号 *Demd*+*Demd*×*S*2 的回归系数并没有通过 F 检验，表明在温和正向需求冲击下，企业整体负债水平并不会随着需求的变动而大幅调整；在负向需求冲击下，需求量信号 *Demd* 的回归系数分别为 −0.0040 和 −0.0020，且至少在 5% 的置信水平下显著，表明

需求的变动对处于负向需求冲击下的企业具有显著的负向影响，此时需求的下降将导致企业整体负债水平显著上升。

从模型 SYS-GMM（2）和 SYS-GMM（3）的回归结果来看，在剧烈正向需求冲击下价格信号 *Pric*+*Pric*×*S*1、在温和正向需求冲击下价格信号 *Pric*+*Pric*×*S*2 的回归系数都没有通过 F 检验，说明价格的波动对正向需求冲击下企业整体负债水平不存在显著影响；而在负向需求冲击下价格信号 *Pric* 的回归系数分别为 −0.0464 和 −0.0367 且均在 10% 的置信水平下显著，说明价格波动对处于负向需求冲击下企业整体负债水平的调整具有显著的负向影响，价格的持续下跌将导致企业整体负债水平的飙升。

表 4-5　企业整体负债水平模型回归结果

变量	SYS-GMM（1）	SYS-GMM（2）	SYS-GMM（3）
L. *Lev*	0.8522 *** （21.22）	0.8098 *** （24.17）	0.8142 *** （30.90）
Demd×*S*1	0.0069 *** （6.35）		0.0043 *** （4.47）
Demd×*S*2	0.0025 *** （3.42）		0.0015 ** （2.13）
Demd	−0.0040 *** （−2.86）		−0.0020 ** （−1.99）
Pric×*S*1		0.0676 *** （7.14）	0.0555 *** （6.12）
Pric×*S*2		0.0404 *** （5.10）	0.0311 *** （4.01）
Pric		−0.0464 * （−1.94）	−0.0367 * （−1.87）
Profit	−0.6608 *** （−13.35）	−0.6695 *** （−13.21）	−0.6638 *** （−15.81）
Tang	−0.0408 （−1.18）	0.0204 （0.53）	−0.0102 （−0.46）

续表

变量	SYS-GMM（1）	SYS-GMM（2）	SYS-GMM（3）
Size	0.0085* （1.79）	0.0095** （2.29）	0.0099*** （3.37）
Comp	0.0495** （2.28）	0.0342** （2.13）	0.0446*** （3.21）
截距项	−0.0306 （−0.23）	−0.1169 （−0.97）	−0.1123 （−1.50）
Industry	已控制	已控制	已控制
Year	已控制	已控制	已控制
AR（1）检验	−13.06 （0.000）	−13.60 （0.000）	−13.96 （0.000）
AR（2）检验	1.30 （0.194）	1.17 （0.242）	1.46 （0.146）
Hansen 检验	142.20 （0.878）	246.69 （0.683）	368.10 （0.579）
F 检验	*Demd+Demd×S1=0* （5.20**） *Demd+Demd×S2=0* （1.38）	*Pric+Pric×S1=0* （0.78） *Pric+Pric×S2=0* （0.06）	*Demd+Demd×S1=0* （4.46**） *Demd+Demd×S2=0* （0.26） *Pric+Pric×S1=0* （0.79） *Pric+Pric×S2=0* （0.08）
观测值（个）	10687	10687	10687

注：1. *、** 和 *** 分别表示在10%、5%和1%的置信水平下显著。2. AR（1）检验、AR（2）检验和 Hansen 检验的第一行为对应检验的统计量值，第二行为对应的 P 值。F 检验对应的是 F 值。其余括号内为 Z 值。本章下同。

从企业整体负债水平模型的回归结果来看，在不同的需求冲击下，需求量和价格信号对企业整体负债水平的影响是迥然不同的。在剧烈正向需求冲击下，需求量信号对企业整体负债水平具有显著的正向影响，为了享受负债的税盾收益，需求的上升将诱导企业主动提高负债水平。在温和正向需求冲击下，市场需求量和价格信号对企业整体负债水平的影响并不显著，需求量与价格的变动并不会对企业债务的调整产生促进作用，企业债务调整缺乏动力。而在负向需求冲击下，需求量和价格信号对企业整体负债水平均存在显著的负向影响，随着需求的萎缩和价格的下跌，企业整体负债水平将会上升。但利用现有结果难以分辨出收缩期企业整体负债水平上升的原因是负向需求冲击下自有资金的短缺使得企业不得不大量增加债务的使用量，抑或是企业出现存量债务清偿困难，债权人对债务违约企业的惩罚导致其债务总量被动上升。要解答上述问题，需要进一步参考企业净新增负债水平模型的回归结果。

（2）企业净新增负债水平的实证研究结果与分析

表4-6给出了企业净新增负债水平模型的回归结果。从模型SYS-GMM（1）和SYS-GMM（3）的回归结果来看，在剧烈正向需求冲击下，需求量信号 $Demd+Demd \times S1$ 的回归系数在各个模型中都通过了F检验且 $Demd \times S1$ 的回归系数至少在10%的置信水平下显著为正。此外，在剧烈正向需求冲击下需求量信号 $Demd+Demd \times S1$ 的回归系数分别为0.0025和0.0010，均约是温和正向需求冲击下需求量信号 $Demd+Demd \times S2$ 回归系数的2倍，分别约是负向需求冲击下需求量信号 $Demd$ 回归系数绝对值的4倍和3倍，说明需求的上升将强烈激发剧烈正向需求冲击下企业扩大负债规模的意愿，外部信贷资金涌入企业。而且在温和正向需求冲击下需求量信号 $Demd+Demd \times S2$ 的回归系数均没有通过F检验，负向需求冲击下需求量信号 $Demd$ 的回归系数也均不显著，说明在面对温和正向需求冲击、负向需求冲击时，企业既没有主动增加负债的动力，也没有偿还存量债务的能力，导致信贷资源没有明显的流入和流出的迹象。

从模型SYS-GMM（2）和SYS-GMM（3）的回归结果来看，在剧烈正向需求冲击下价格信号 $Pric+Pric\times S1$ 的回归系数分别为 0.0358 和 0.0327，而在温和正向需求冲击下价格信号 $Pric\times S2$ 的回归系数和负向需求冲击下价格信号 $Pric$ 的回归系数在 10% 的置信水平下均不显著，说明在剧烈正向需求冲击下，价格的上升会诱导企业扩大负债规模，而在温和正向需求冲击、负向需求冲击下价格信号对净新增负债水平没有显著影响。

表 4-6　企业净新增负债水平模型回归结果

变量	SYS-GMM（1）	SYS-GMM（2）	SYS-GMM（3）
L.*Nliablty*	0.1089 * （1.94）	0.1606 *** （2.67）	0.1346 *** （3.01）
Demd×S1	0.0019 ** （2.22）		0.0013 * （1.76）
Demd×S2	0.0006 （0.72）		0.0009 （1.32）
Demd	0.0006 （0.44）		−0.0003 （−0.04）
Pric×S1		0.0227 *** （2.75）	0.0241 *** （3.37）
Pric×S2		0.0127 （1.63）	0.0104 （1.35）
Pric		0.0131 （0.66）	0.0086 （0.59）
Profit	−0.1743 *** （−6.75）	−0.1805 *** （−6.06）	−0.1837 *** （−6.92）
Tang	0.0080 （0.30）	0.0252 （0.94）	0.0108 （0.61）
Size	0.0062 * （1.81）	0.0054 （1.65）	0.0054 ** （2.33）
Comp	0.0618 *** （4.84）	0.0780 *** （7.03）	0.0708 *** （7.00）

续表

变量	SYS-GMM(1)	SYS-GMM(2)	SYS-GMM(3)
截距项	−0.2132** (−2.21)	−0.1527 (−1.40)	−0.1662*** (−2.57)
Industry	已控制	已控制	已控制
Year	已控制	已控制	已控制
AR(1)检验	−8.67 (0.000)	−8.55 (0.000)	−10.36 (0.000)
AR(2)检验	0.91 (0.362)	1.41 (0.158)	1.30 (0.194)
Hansen 检验	235.37 (0.464)	198.33 (0.401)	408.32 (0.170)
F 检验	$Demd+Demd \times S1=0$ (5.58**) $Demd+Demd \times S2=0$ (1.06)	$Pric+Pric \times S1=0$ (3.25*) $Pric+Pric \times S2=0$ (1.73)	$Demd+Demd \times S1=0$ (2.92*) $Demd+Demd \times S2=0$ (1.09) $Pric+Pric \times S1=0$ (5.09**) $Pric+Pric \times S2=0$ (1.55)
观测值(个)	10687	10687	10687

综合分析企业整体负债水平模型和企业净新增负债水平模型的回归结果，可以更加清晰地刻画不同需求冲击下需求量和价格信号对企业负债行为差异化的影响机制。在剧烈正向需求冲击下，仅需求量信号对企业整体负债水平及净新增负债水平均具有显著的正向影响，说明需求的正向冲击激发了企业积极主动举债的热情，外部信贷资金的涌入导致在剧烈正向需求冲击下企业的总量及增量负债水平同步上升。尤其是在我国投资驱动及资本要素驱动的制造业发展模式下，一旦市场充满乐观的预期，剧烈的扩张性市场信号极易诱导企业做出一致性的投资行为，产生"投资潮涌"现象。根据权衡理论，由于需求

高扩张期负债的税盾效应远远超过了破产成本的约束，为了利用负债利息税盾的价值促进作用，决策者会在筹措投资所需资金的过程中尽量增加债务融资的比例，采取更加积极主动的债务融资策略，进而导致负债规模扩大，这一结论支持了假设 H1 的观点，即在剧烈正向需求冲击下，积极的市场信号将激励企业主动扩大债务融资规模。

在温和正向需求冲击下，需求量和价格信号对企业整体及净新增负债水平均不存在显著影响。其原因可能在于，一方面，随着企业投资放缓，债务融资的期望税收利益下降，破产风险却有所上升，由于债务融资的税盾收益没有超出负债的破产成本，企业缺少向上调整债务的动力，这也说明了市场信号对债务融资的诱导作用在需求上升到一定程度时才会发生；另一方面，由于预期破产风险上升，部分现金流充足的企业开始选择降低负债水平。因此，在温和正向需求冲击下，市场机制对企业债务融资的调节作用失效。

在负向需求冲击下，需求量和价格信号对企业净新增负债水平没有显著影响，这意味着信贷资金并没有明显的流入或流出迹象；而企业整体负债水平的结果却显示，市场信号对负向需求冲击下企业整体负债水平具有显著的负向作用，即一旦需求量和价格下降，企业整体负债水平将会显著上升。企业净新增负债水平与整体负债水平的差异性变化特征证实了负向需求冲击下企业整体负债水平的上升并不是现金流短缺导致企业主动增加债务的结果，而是因为企业陷入财务困境后，债务违约上升导致的债务被动增加。本书的研究结果与假设 H2a 出现冲突，支持了假设 H2b，即在负向需求冲击下，消极的市场信号导致财务风险上升，负债水平会随着债务违约事件的增加而被动上升。

综上可知，市场机制对于剧烈正向需求冲击下债务融资"进入"的诱导作用是有效的，但是对债务清偿和"退出"的引导作用却存在

"失灵"现象，市场机制对债务资金的进入和清偿的调节作用具有非对称性，由此导致了整体负债与需求冲击之间呈现 U 形变动关系，即企业高负债不仅存在于剧烈正向需求冲击期也存在于负向需求冲击期，而温和正向需求冲击期企业负债水平最低。虽然权衡理论可以解释我国制造业企业在剧烈正向需求冲击下的负债行为，但是负向需求冲击下企业的债务决策并不符合任何一种现有的资本结构理论，对此本书基于实证结果给出了新解释。

四 稳健性检验

鉴于平衡面板数据能够更加连续地反映企业债务决策的变化过程，本书首先重新选取了 2008~2017 年 576 家制造业上市公司的 6912 个平衡面板数据来验证上述研究结果的可靠性，并采用动态面板系统矩估计（SYS-GMM）模型进行回归估计，具体结果见表 4-7 和表 4-8 的第（4）列。

其次，考虑到本书想要揭示的是外部市场需求的客观变化对企业负债行为的影响，但实证检验中构建的市场需求量信号 $Demd_{it}$ 既可能是市场容量客观变化带来的需求的外生性扩张与收缩，即外生市场需求（$Demdex_{it}$）；也可能是由诸如产品性能、品牌形象、生产技术、营销能力等企业内在因素变化所引起的内生性增长（$Demdn_i$）。同样，价格信号 $Pric_{it}$ 也可能存在内生性问题。即使本书认为企业内在因素在一段时间内相对稳定，对结果影响较小，但为了尽量避免内生性问题，在此做了以下改进。一方面，使用固定效应模型（FE）进行回归估计，因为固定效应模型采用组内差分方式对数据进行处理，实质就是将各变量的各期数值减去样本期内均值后估计所得的结果，具体估计结果见表 4-7 和表 4-8 的第（1）、第（2）和第（3）列。另一方面，假设企业的内部特征因素在一段时间内相对稳定，本书通过将

表 4-7 企业整体负债水平的稳健性检验

变量	FE(1)	FE(2)	FE(3)	SYS-GMM(4)	SYS-GMM(5)
$L.Lev$				0.8174*** (32.43)	0.7951*** (28.55)
$Demd×S1$	0.0111*** (5.62)		0.0085*** (4.22)	0.0073*** (3.88)	0.0104** (2.33)
$Demd×S2$	0.0049*** (3.40)		0.0038** (2.42)	0.0034** (2.51)	0.0089** (2.20)
$Demd$	-0.0073** (-2.58)		-0.0059** (-2.07)	-0.0037** (-2.44)	-0.0073* (-1.92)
$Pric×S1$		0.0827*** (4.66)	0.0618*** (3.30)	0.0428*** (3.54)	0.0672*** (5.45)
$Pric×S2$		0.0413*** (3.07)	0.0315** (2.17)	0.0297*** (2.82)	0.0437*** (4.32)
$Pric$		-0.0580** (-2.21)	-0.0462* (-1.75)	-0.0320* (-1.86)	-0.0350** (-1.99)
$Profit$	-0.7110*** (-15.36)	-0.7103*** (-13.20)	-0.7193*** (-13.33)	-0.7058*** (-15.60)	-0.7165*** (-16.29)
$Tang$	0.0643** (2.50)	0.0666** (2.55)	0.0638** (2.48)	-0.0489 (-1.24)	-0.0490 (-1.51)
$Size$	0.0405*** (6.66)	0.0399*** (6.60)	0.0418*** (6.84)	0.0126** (2.51)	0.0164*** (3.33)
$Comp$	-0.2634*** (-10.85)	-0.2610*** (-10.41)	-0.2611*** (-10.60)	0.0251 (1.13)	0.0086 (0.44)

续表

变量	FE(1)	FE(2)	FE(3)	SYS-GMM(4)	SYS-GMM(5)
截距项	-0.4087*** (-2.83)	-0.3998*** (-2.75)	-0.4352*** (-2.98)	-0.1592 (-1.27)	-0.2519** (-2.16)
Industry	已控制	已控制	已控制	已控制	已控制
Year	已控制	已控制	已控制	已控制	已控制
R²	0.2294	0.2290	0.2334		
AR(1)检验				-11.35 (0.000)	-11.25 (0.000)
AR(2)检验				-0.36 (0.721)	-0.64 (0.519)
Hansen 检验				267.90 (0.625)	265.00 (0.489)
F 检验	Demd+Demd×S1=0 (3.65*) Demd+Demd×S2=0 (0.78)	Pric+Pric×S1=0 (0.85) Pric+Pric×S2=0 (0.39)	Demd+Demd×S1=0 (2.92*) Demd+Demd×S2=0 (0.57) Pric+Pric×S1=0 (0.34) Pric+Pric×S2=0 (0.30)	Demd+Demd×S1=0 (6.78***) Demd+Demd×S2=0 (0.06) Pric+Pric×S1=0 (0.32) Pric+Pric×S2=0 (0.02)	Demd+Demd×S1=0 (2.80*) Demd+Demd×S2=0 (0.47) Pric+Pric×S1=0 (3.03*) Pric+Pric×S2=0 (0.26)
观测值(个)	6912	6912	6912	6336	6336

表4-8 企业净新增负债水平的稳健性检验

变量	FE(1)	FE(2)	FE(3)	SYS-GMM(4)	SYS-GMM(5)
L. Nliablty				0.0920*** (3.83)	0.0889*** (4.17)
Demd×S1	0.0034*** (3.51)		0.0028*** (2.85)	0.0054** (2.09)	0.0162*** (2.95)
Demd×S2	0.0017* (1.92)		0.0017* (1.86)	0.0015 (0.99)	0.0068 (1.22)
Demd	-0.0011 (-0.98)		-0.0007 (-0.66)	-0.0019 (-0.92)	-0.0035 (-1.03)
Pric×S1		0.0197*** (2.86)	0.0123* (1.73)	0.0043 (0.19)	0.0219*** (2.85)
Pric×S2		0.0047 (0.72)	-0.0002 (-0.03)	-0.0339 (-1.29)	0.0069 (1.00)
Pric		0.0149 (1.30)	0.0205* (1.79)	0.0294 (1.05)	0.0090 (0.51)
Profit	-0.1124*** (-4.72)	-0.1309*** (-5.27)	-0.1370*** (-5.52)	-0.1901*** (-3.64)	-0.2216*** (-6.60)
Tang	-0.0525*** (-4.14)	-0.0520*** (-4.06)	-0.0516*** (-5.52)	0.0012 (0.02)	0.0167 (0.71)
Size	0.0010 (0.46)	0.0015 (0.68)	0.0019 (0.90)	0.0058* (1.77)	0.0054** (2.13)
Comp	0.1025*** (9.58)	0.0988*** (9.31)	0.0980*** (9.22)	0.1016*** (4.23)	0.0715*** (5.32)

续表

变量	FE(1)	FE(2)	FE(3)	SYS-GMM(4)	SYS-GMM(5)
截距项	-0.0199 (-0.43)	-0.0051 (-0.11)	-0.0071 (-0.15)	-0.0506 (-0.15)	-0.0805 (-1.16)
Industry	已控制	已控制	已控制	已控制	已控制
Year	已控制	已控制	已控制	已控制	已控制
R^2	0.0653	0.0657	0.0674		
AR(1)检验				-13.16 (0.000)	-13.07 (0.000)
AR(2)检验				0.85 (0.395)	0.73 (0.467)
Hansen检验				223.07 (0.184)	276.07 (0.236)
F检验	$Demd+Demd×S1=0$ (5.25**) $Demd+Demd×S2=0$ (0.34)	$Pric+Pric×S1=0$ (11.12***) $Pric+Pric×S2=0$ (3.29*)	$Demd+Demd×S1=0$ (4.62**) $Demd+Demd×S2=0$ (0.93) $Pric+Pric×S1=0$ (10.20***) $Pric+Pric×S2=0$ (3.53*)	$Demd+Demd×S1=0$ (3.42*) $Demd+Demd×S2=0$ (0.02) $Pric+Pric×S1=0$ (1.37) $Pric+Pric×S2=0$ (0.03)	$Demd+Demd×S1=0$ (8.82***) $Demd+Demd×S2=0$ (0.81) $Pric+Pric×S1=0$ (2.76*) $Pric+Pric×S2=0$ (0.76)
观测值(个)	6912	6912	6912	6336	6336

每家企业各期市场需求量信号 $Demd_{it}$ 与其样本期内的均值 $\frac{1}{T}\sum_{i=1}^{T}Demd_{it}$ 做差，剔除每一个样本企业在观测期内影响需求的内生性因素，以此作为市场需求量信号新的代理变量 $Demd2$ [见式（4 - 7）和式（4-8）]。同样对价格信号 $Pric_{it}$ 进行上述处理，并使用 SYS-GMM 模型进行估计，具体估计结果在表 4-7 和表 4-8 的第（5）列。

$$Demd_{it} = Demdn_i + Demdex_{it} \qquad (4 - 7)$$

$$Demd2 = Demd_{it} - \frac{1}{T}\sum_{i=1}^{T}Demd_{it} = Demdn_i +$$

$$Demdex_{it} - \left(Demdn_i + \frac{1}{T}\sum_{i=1}^{T}Demdex_{it}\right) \qquad (4 - 8)$$

$$= Demdex_{it} - \frac{1}{T}\sum_{i=1}^{T}Demdex_{it}$$

从稳健性检验的估计结果来看，企业负债水平随市场景气状态转变呈现 U 形演化趋势的规律，在不同样本、不同估计方法和不同变量的检验下均成立。

五　异质性检验

（1）按地区分组

由于我国地区间经济发展水平、法治建设和市场化程度（黄辉，2009；孙铮等，2005）具有差异性，不同地区间企业负债行为也可能存在差异。例如，Li 等（2009）在对地区因素影响企业负债行为的研究中发现，在我国法治环境良好、金融体系建设发达的地区，企业负债水平往往更低。因此，探索需求冲击对不同地区企业债务融资的影响，有利于发现我国高负债问题地域性差异的形成原因。

本书通过判断样本企业所属省份是否处于东部沿海，将样本企业分为东部沿海地区组和中西部内陆地区组，然后进行分组回归，探索不同地区的企业在面对需求冲击时的债务融资选择。其中，东部沿海地区组包括辽宁、北京、天津、河北、山东、江苏、上海、浙江、福建、广东和海南，其他为中西部内陆地区组。根据 F 检验和 Hausman 检验的结果，本书采用固定效应模型进行回归估计。

　　表 4-9 报告了按地区分组后企业整体负债水平模型的回归结果。结果显示，在负向需求冲击下，无论是沿海企业还是内陆企业需求量信号 $Demd$ 的回归系数均显著为负，说明在负向需求冲击下，无论是沿海企业还是内陆企业对需求波动的反应都极为敏感；并且处于负向需求冲击下企业需求量信号 $Demd$ 回归系数的绝对值大于处于剧烈正向需求冲击下需求量信号 $Demd+Demd×S1$ 的回归系数，说明与剧烈正向需求冲击相比，需求量信号对负向需求冲击下的企业债务融资行为的影响更大。

表 4-9　按地区分组的企业整体负债水平模型回归结果

变量	沿海	内陆
	FE（1）	FE（2）
$Demd×S1$	0.0054***	0.0051***
	（5.07）	（2.84）
$Demd×S2$	0.0021**	0.0002
	（2.03）	（0.09）
$Demd$	−0.0032***	−0.0033*
	（−3.19）	（−1.89）
$Pric×S1$	0.0877***	0.0424***
	（7.87）	（3.97）
$Pric×S2$	0.0411***	0.0222*
	（3.80）	（1.93）
$Pric$	−0.0297*	−0.0788***
	（−1.83）	（−5.13）

续表

变量	沿海	内陆
	FE(1)	FE(2)
Profit	−0.6270*** (−22.78)	−0.6261*** (−20.25)
Tang	0.0565*** (4.06)	0.0410*** (2.66)
Size	0.0498*** (18.58)	0.0309*** (10.19)
Comp	−0.1966*** (−16.72)	−0.1796*** (−15.80)
截距项	−0.6198*** (−10.19)	−0.1604** (−2.25)
Industry	已控制	已控制
Year	已控制	已控制
R^2	0.2286	0.2234
观测值(个)	6734	5313

注：由于分组的变量值存在缺失，样本观测值有所损失。

在剧烈正向需求冲击下，东部沿海地区企业价格信号 $Pric+Pric×S1$ 的回归系数为 0.0580，说明在剧烈正向需求冲击下，价格的上升会对沿海企业的债务扩张行为形成强势诱导。与此相反，在剧烈正向需求冲击下，中西部内陆地区企业价格信号 $Pric+Pric×S1$ 的回归系数为 −0.0364。费舍尔组合检验（Fisher's Permutation Test）结果显示，在剧烈正向需求冲击下，两个样本组企业价格信号的回归系数具有显著差异性，积极的价格信号将导致中西部内陆地区企业降低负债水平，而东部沿海地区企业则更倾向于增加负债。

以上结果表明，无论是东部沿海地区企业还是中西部内陆地区企业，在遭遇负向需求冲击时，在消极的市场信号作用下负债水平都会上升。在剧烈正向需求冲击下，扩张的需求量信号对企业债务融资产生诱导效应是一种普遍存在的现象，但是价格信号对沿海和内陆企业的影响存在差异。对于东部沿海地区企业，不断上升的价格信号会诱导企业通过增加负债的方式投资新项目以获得更高的收益；而对于中西部内陆地区企业，随着价格的上升，充足的现金流使内源性融资对债务融资形成了替代，企业对债务资金的需求下降。

（2）按所有制分组

改革开放 40 余年来，中国完成了从计划经济向市场经济的转型，市场经济体制不断完善。随着国有企业市场化改革的推进，其行为决策同样遵循市场机制和规律。但是，由于国有企业往往承担着重要的经济、政治和社会责任，其债务融资行为的影响因素中可能存在部分"非市场化"的成分。在预算软约束和政府隐性担保的作用下，国有企业往往能够以较低的融资成本获得金融机构大量的信贷资金支持，而同等条件下的非国有企业却面临着较强的融资约束或者较高的资金使用成本。那么，国有企业债务融资行为是否遵循市场规律，是否由市场主导？为了回答上述问题，本书将对不同所有制企业的债务融资行为进行进一步分析。

表 4-10 报告了按所有制分组的企业整体负债水平模型的回归结果。从回归结果来看，在负向需求冲击下，无论是国有企业还是非国有企业，其需求量信号 *Demd* 和价格信号 *Pric* 的回归系数均显著为负。这说明在负向需求冲击下，需求量和价格信号对国有企业和非国有企业均具有显著的负向影响。虽然费舍尔组合检验结果显示在负向需求冲击下国有企业和非国有企业需求量和价格信号的回归系数均不存在显著差异，但可以肯定的是无论是国有企业还是非国有企业，在负向需求冲击下需求量和价格下跌的信号将导致企业负债水平上升。

　　在剧烈正向需求冲击下，国有企业及非国有企业需求量信号 *Demd+Demd×S1* 的回归系数分别为 0.0019 和 0.0032，且均在 1% 的置信水平下显著。价格信号 *Pric+Pric×S1* 的回归系数分别为 0.0326 和 0.0007，并且根据费舍尔组合检验结果，在剧烈正向需求冲击下价格信号对两个样本组企业的回归系数在 1% 的置信水平下显著。这说明在剧烈正向需求冲击下，积极的价格信号对国有企业债务融资的拉动作用远高于非国有企业。因此，在市场需求快速上升阶段，相较于非国有企业，国有企业更容易累积大量信贷资金。

表 4-10　按所有制分组的企业整体负债水平模型回归结果

变量	国有企业	非国有企业
	FE（1）	FE（2）
Demd×S1	0.0061 ***	0.0052 ***
	（5.42）	（3.34）
Demd×S2	0.0027 ***	0.0009
	（2.59）	（0.52）
Demd	−0.0042 ***	−0.0020 *
	（−3.77）	（−1.72）
Pric×S1	0.0966 ***	0.0458 ***
	（8.70）	（3.97）
Pric×S2	0.0499 ***	0.0213 **
	（4.51）	（2.00）
Pric	−0.0640 ***	−0.0451 ***
	（−3.87）	（−2.88）
Profit	−0.7228 ***	−0.5167 ***
	（−26.99）	（−15.80）
Tang	0.0092	0.0929 ***
	（0.72）	（5.35）
Size	0.0450 ***	0.0354 ***
	（17.25）	（10.58）

续表

变量	国有企业	非国有企业
	FE(1)	FE(2)
Comp	−0.2110***	−0.1547***
	(−19.92)	(−12.52)
截距项	−0.4935***	−0.3284***
	(−8.10)	(−4.57)
Industry	已控制	已控制
Year	已控制	已控制
R^2	0.2635	0.1870
观测值(个)	7115	4914

注：由于分组的变量值存在缺失，样本观测值有所损失。

以上结果说明，在负向需求冲击下，不同所有制企业在面对需求量和价格下跌的信号时都会维持较高的负债水平。在剧烈正向需求冲击下，扩张性的需求量和价格信号对企业债务融资"进入"的诱导效应是一种普遍存在的现象。其中，价格信号对国有企业和非国有企业债务融资的影响存在较大差异，这可能是因为相较于非国有企业，在预算软约束和政府隐性担保的作用下，国有企业往往具有强烈的扩张偏好，更容易造成负债的过度"进入"。

第四节 本章小结

在理论分析的基础上，本章基于 2004~2019 年 1251 家制造业上市公司共计 12048 个观测样本，构建了反映需求量信号、价格信号以及需求冲击的代理指标，建立了反映企业总量及增量负债水平的双方程，实证检验了需求量和价格信号对处于不同需求冲击下企业负债水平的市场调节机制。在此基础上进一步考察了在不同需求冲击下，不同地区和所有制企业债务融资行为的一致性与差异性。通过上述研究工作，本章得出以下结论。

第一，分别构建了反映企业总量和增量的整体负债水平和净新增负债水平双方程模型。企业整体负债水平和净新增负债水平回归结果表明，在剧烈正向需求冲击下，需求量信号的回归系数均显著为正，表明处于剧烈正向需求冲击时，扩张性市场信号对企业债务融资"进入"的诱导作用具有普遍性。

第二，在温和正向需求冲击下，需求量和价格信号对企业整体及净新增负债水平均不存在显著影响。其原因可能在于以下两方面：一方面，随着企业投资放缓，债务融资的期望税收利益下降，破产风险却有所上升，由于债务融资的税盾收益没有超过负债的破产成本，企业缺少向上调整债务的动力，这也说明了市场信号对债务融资的诱导作用是在需求上升到一定程度时才会发生；另一方面，由于企业预期破产风险上升，部分现金流充足的企业开始选择降低负债水平。

第三，企业整体负债水平的实证结果表明，在负向需求冲击下需求量和价格信号的回归系数均显著为负，说明一旦处于负向需求冲击下，企业债务融资行为对消极的市场信号极为敏感。但企业净新增负债水平的回归结果显示，在负向需求冲击下市场信号对企业净新增负债水平没有显著影响，债务资金并没有流入和流出的迹象。这意味着在负向需求冲击阶段，消极的市场信号阻碍了存量债务的"退出"，市场机制对债务清偿的引导作用失效，进而推升了企业整体负债水平。

第四，上述结果表明，市场机制对于剧烈正向需求冲击下负债"进入"的诱导作用是有效的，但对负向需求冲击下债务清偿的引导作用却存在"失灵"现象。市场机制对债务资金"进入"和"退出"调节作用的非对称性导致了负债水平随需求冲击转变呈现 U 形变化趋势，企业债务的上升不仅存在于剧烈正向需求冲击阶段，也存在于负向需求冲击阶段。可以认为，微观企业负债水平的调整是在市场需求量和价格信号影响下，由投资活动过程中的主动调整以及企业自身特征因素改变时的被动调整共同作用完成的。在剧烈正向需求冲击下，市场信号对投资活动的强势诱导作用增加了企业对外部资金的需求，为了享受负债税盾收益，企业对负债的主动调整占据了主导地位，企业负债规模扩大；而在负向需求冲击下，消极的市场信号对企业内部特征产生负面影响，赢利能力和偿债能力的下降使得陷入财务危机的企业既没有主动增加投资的动力也没有偿还债务的能力，以往投资过程中累积的存量债务违约事件不断增加，负向需求冲击下企业负债水平的上升是企业被动调整的结果。

第五，异质性检验结果表明，在负向需求冲击下，企业负债上升是一种普遍存在的现象，这对不同地区和不同所有制企业的影响基本是一致的。而在剧烈正向需求冲击下，扩张性的价格信号对于国有企业债务融资行为的诱导作用远高于非国有企业，这意味着相较于非国有企业，国有企业的确存在更强烈的债务扩张意愿。对于不同地区的企业来说，中西部内陆地区企业在积极的价格信号作用下，会选择降低负债；而东部沿海地区企业则采取了更加积极的融资策略。总体来看，虽然债务融资市场诱导效应的强度可能会根据企业某些特征发生改变，但是市场诱导效应的非线性和非对称性特征却普遍存在。

上述结论给我们的启示如下。

第一，在剧烈正向需求冲击与负向需求冲击下，企业负债水平的上升源于不同动因，那么在"去杠杆"的过程中就不能不加区分地压降所有企业的负债水平，认清"去杠杆"的真正对象，合理配置不同需求冲击下企业的信贷资源是关键。既然在负向需求冲击下市场机制对存量债务清偿引导作用的失效是债务上升的主要原因，那么要完成供给侧结构性改革中"去杠杆"的目标，与事后治理相比，更为重要的是建立起企业过度负债的事前防范机制，避免在市场诱导下债务资金过度"进入"情况的发生。虽然市场需求繁荣期企业负债水平的上升有经济基本面的支撑，是追求利润最大化企业的必然选择，应该完善对处于市场需求繁荣期企业的融资保障制度，降低融资成本，为其营造良好的融资环境。但更为重要的是，在市场快速扩张时期建立起投资和负债风险预警机制，尽量避免由信息不对称及企业管理层的非理性决策行为导致企业的过度投资和过度负债行为，降低企业在经济活动中的"试错"成本。

第二，对于当前已经存在的企业部门高杠杆问题，仅寄希望于依靠市场调节机制引导企业降低负债，事实证明是不够的。在负向需求冲击下，应该在尊重企业债务融资行为的市场规律的基础上，通过有效的政府政策引导企业的市场预期，采用精准的政策措施弥补市场机制对债务清偿引导作用的失效。需要指出的是，事后的政策干预往往没有事前预防的效果明显，进行杠杆治理的政策措施依然应该以预防为主，从源头上合理配置债务资金，防止债务资金的过度进入。

第五章　不同持续期需求冲击下制造业企业债务融资行为研究

当前全球性经济下行压力继续加大，国内外市场需求大幅削减。与以往经济高速增长时期不同，"市场过热"往往是常态，负向需求冲击带来的影响短暂且有限。即使市场需求收缩，在市场自身的修正调节机制和政府政策调控的作用下，短期内就可以走出低谷。中国经济进入新常态以来，在国内外严峻的政治、经济形势影响下，越来越多的制造业企业遭受着持续的负向需求冲击。那么，在持续性的需求冲击下，企业负债行为规律是怎样的呢？准确揭示持续性需求冲击下企业债务融资行为的市场规律，对新格局下制造业供给侧结构性改革，特别是"稳杠杆"政策的制定具有重要启示意义。

现有文献发现，首先，持续性需求冲击会显著改变企业的现金流，进而影响企业投资并引起债务融资决策的一系列变动。Duchin 等（2010）研究了 2008 年国际金融危机期间美国上市公司的投融资行为。他们发现，在金融危机早期，公司投资水平出现明显的下滑趋势，并且那些现金流状况较差的公司投资下降更为明显。这是因为在危机早期，公司主要面临的是信贷供给冲击而非产品市场需求冲击；但是在危机后期，负向需求冲击导致企业财务状况恶化，公司对外源性资金的需求增加，信贷供给冲击的影响反而被弱化。刘星等（2016）基于中国上市公司数据的研究结论有异于 Duchin 等（2010），他们发现在金融危机爆发后的前期，公司现金流状况没有太大变化且投资水平也没有显著下降，企业投资水平的大幅下跌往往发生在危机后期，同时企业倾向于降低负债并保持较高的现金持有水平。赵红梅和王卫星（2010）基于上市公司数据研究发现，金融危机前期上市公司投资规模普遍下降，且短期负债较高公司的投资规模下降较短期负债中等和较低的公司幅度要大，在危机后期，需求逐渐回暖导致短期负债较低、融资约束小的企业投资显著上涨。

其次，持续性需求冲击可以通过影响企业对未来市场需求的预期改变债务融资决策。姜付秀和刘志彪（2005）从微观行为动机角度分析了需求冲击对企业债务融资决策的影响，在理论分析的基础上实证研究发现，随着行业需求收缩持续期的延长，对于市场复苏的预期逐渐显现，部分具有较强融资能力的企业会通过增加负债的方式获得先发优势，以期在产品市场竞争中获得更高的份额。

上述文献证明，企业会根据需求冲击持续时间的长短对债务融资决策进行调整。短期需求冲击可能对企业债务融资行为的影响较小，企业债务调整不明显，但是一旦短期需求冲击转为持续性需求冲击后，为了适应市场需求显著的变化，企业必然会对债务融资决策做出相应的调整。鉴于此，本章将深入分析在不同持续期的正向需求冲击和负向需求冲击下，企业债务融资行为的变化以及企业内部债务结构调整的规律。

第一节　模型构建与变量设计

（1）模型构建

根据前文的分析，不同持续期的需求冲击对企业债务融资行为可能存在差异化影响。为了考察不同持续期的正向需求冲击和负向需求冲击对制造业企业债务融资行为的作用机制，在模型中引入需求冲击持续期、需求冲击及需求冲击持续期与需求冲击大小的交互项，具体模型如下：

$$Lev_{it} = \alpha_0 + \alpha_1 P_i + \alpha_2 S_{it} \times P_i + \alpha_3 S_{it} + \varepsilon_{it} \qquad (5-1)$$

其中，Lev 表示企业负债水平，S_{it} 表示需求冲击，P 为需求冲击持续期虚拟变量，ε 为随机扰动项。

考虑到企业负债水平还受到其自身特征因素、行业和宏观经济因素的影响，参照相关研究（陆正飞等，2015）将赢利能力、抵押担保能力、现金流、管理费用率、行业和年份引入式（5-1）中。为了缓解内生性问题，控制变量均采用滞后项。最终考察需求冲击对企业债务融资作用的计量模型设定如下：

$$Lev_{it} = \alpha_0 + \alpha_1 P_i + \alpha_2 S_{it} \times P_i + \alpha_3 S_{it} + \alpha_4 Profit_{i,t-1} + \alpha_5 Tang_{i,t-1} +$$
$$\alpha_6 Cash_{i,t-1} + \alpha_7 Exp_{i,t-1} + \alpha_8 \sum Industry + \alpha_9 \sum Year + \varepsilon_{it}$$
$$(5-2)$$

其中，$Profit$ 为赢利能力，$Tang$ 为抵押担保能力，$Cash$ 为现金流，Exp 为管理费用率，$Industry$ 为行业虚拟变量，$Year$ 为年份虚拟变量。

（2）变量设计

关于企业负债水平的度量，本书选取资产负债率、有息负债率和经营性负债率三种方式进行度量。首先，采用资产负债率衡量了企业整体负债水平。其次，按照负债形成的原因可以将企业负债划分为经营性负债、收益分配负债和融资性负债。其中，经营性负债是指由企业正常的生产经营活动所形成的债务，如应付账款、应付票据等。收益分配负债是指企业在进行利润分配过程中形成的负债，如应付利润等。融资性负债是指企业由于向金融机构筹集资金而形成的负债，如银行借款等。本章关注于融资性负债和经营性负债，为了保证企业间的可比性，分别采用有息负债率和经营性负债率衡量企业负债水平。

由于本章的研究目标是考察微观企业个体应对不同持续期需求冲击的差异化债务融资行为，因此在度量需求冲击时，选择冲击所造成的结果对需求冲击进行度量，即采用营业收入增长率作为需求冲击的代理指标。

关于需求冲击持续期的度量，本书借鉴了方福前和邢炜（2017）、董恺强（2020）的定义方式。首先，根据需求冲击指标数值符号的正负方向定义正向需求冲击和负向需求冲击。然后，采用逆推法，如果正向需求冲击仅持续一期，那么认定正向需求冲击的持续期为一期；如果往前推两期皆为正向需求冲击，那么认定正向需求冲击的持续期为二期；如果往前推三期皆为正向需求冲击，那么认定需求冲击的持续期至少为三期。使用同样的方法定义负向需求冲击持续期数。根据上述定义方式设置虚拟变量，具体如表5-1所示。

表5-1　市场需求冲击持续期变量的定义

持续期	变量定义	虚拟变量设定
持续一期	连续一年营业收入增长率大于或小于0	$P1=1$，其他 $P1=0$
持续二期	连续二年营业收入增长率大于或小于0	$P2=1$，其他 $P2=0$
至少持续三期	至少连续三年营业收入增长率大于或小于0	$P3=1$，其他 $P3=0$

本章所有变量的定义见表5-2。

表5-2　变量描述

变量符号	变量名称	变量说明
$Lev1$	资产负债率	总负债/总资产账面值
$Lev2$	有息负债率	（短期借款+长期借款+应付债券+一年内到期的非流动负债）/总资产
$Lev3$	经营性负债率	（应付账款+应付票据）/总资产账面值
S	需求冲击	（本年营业收入-上年营业收入）/上年营业收入

变量符号	变量名称	变量说明
P	需求冲击持续期	
$P1$	持续一期	$P1=1$，其他 $P1=0$
$P2$	持续二期	$P2=1$，其他 $P2=0$
$P3$	至少持续三期	$P3=1$，其他 $P3=0$
$Profit$	赢利能力	净利润/总资产
$Tang$	抵押担保能力	（固定资产净额+存货净额）/总资产
$Cash$	现金流	企业经营活动产生的现金流/总资产
Exp	管理费用率	管理费用/总资产
$Industry$	行业虚拟变量	按照中国证监会 2012 年修订的 C13~C43 制造业行业分类标准设定虚拟变量
$Year$	年份虚拟变量	按照年份 2004~2019 年设定了 15 个虚拟变量

第二节　数据说明与描述性统计

（1）数据说明

为了能够准确揭示不同持续期需求冲击对企业债务融资行为的影响，本章采用制造业 A 股上市公司 2004~2019 年的年报数据为样本，对样本数据做了如下筛选和处理：①剔除主要变量缺失的样本；②剔除少于连续三年发布财务年报的样本。最终得到了 1052 家公司共计 9796 个观测样本。为了降低离群值的影响，对所有连续型变量进行上下 1% 的缩尾处理。所有数据均来源于国泰安（CSMAR）数据库。

（2）描述性统计

表 5-3 报告了不同持续期正向和负向需求冲击、资产负债率、有息负债率和经营性负债率的均值、中位数和标准差。结果显示，持续

一期、持续二期和至少持续三期的正向需求冲击 S 的均值分别为 0.3829、0.3418、0.2575，反映出正向需求冲击的强度随着持续期增加而逐渐减弱的趋势。正向需求冲击持续一期、持续二期和至少持续三期的资产负债率 $Lev1$ 的均值分别为 0.5306、0.5134、0.4910，中位数分别为 0.5191、0.5067、0.4955，说明随着正向需求冲击持续期的增加，企业整体负债水平有下降趋势。而正向需求冲击持续一期、持续二期和至少持续三期的有息负债率 $Lev2$ 和经营性负债率 $Lev3$ 的均值和中位数变动较小。

表 5-3　不同持续期正向和负向需求冲击下主要变量的描述性统计结果

变量	正向需求冲击				负向需求冲击			
	样本数（个）	均值	中位数	标准差	样本数（个）	均值	中位数	标准差
	持续一期				持续一期			
S	1674	0.3829	0.1866	0.6294	1796	−0.1498	−0.1071	0.1580
$Lev1$	1674	0.5306	0.5191	0.2429	1796	0.5292	0.5212	0.2423
$Lev2$	1674	0.3948	0.4161	0.2486	1796	0.4190	0.4448	0.2487
$Lev3$	1674	0.1478	0.1226	0.1064	1796	0.1458	0.1204	0.1037
	持续二期				持续二期			
S	1171	0.3418	0.1992	0.5028	784	−0.1815	−0.1399	0.1631
$Lev1$	1171	0.5134	0.5067	0.2287	784	0.5457	0.5256	0.2766
$Lev2$	1171	0.3857	0.4102	0.2490	784	0.4009	0.4369	0.2549
$Lev3$	1171	0.1478	0.1185	0.1051	784	0.1424	0.1180	0.1028
	至少持续三期				至少持续三期			
S	3804	0.2575	0.1707	0.3542	567	−0.2051	−0.1520	0.1714
$Lev1$	3804	0.4910	0.4955	0.1770	567	0.5850	0.5346	0.3378
$Lev2$	3804	0.3887	0.4078	0.2446	567	0.3665	0.3967	0.2561
$Lev3$	3804	0.1531	0.1263	0.1054	567	0.1351	0.1120	0.1019

持续一期、持续二期和至少持续三期的负向需求冲击 S 的均值分别为 -0.1498、-0.1815 和 -0.2051，中位数分别为 -0.1071、-0.1399 和 -0.1520，反映出负向需求冲击的强度随着持续期增加而增加的变动趋势。负向需求冲击持续一期、持续二期和至少持续三期的资产负债率 $Lev1$ 的均值和中位数均表现出递增趋势，说明了企业资产负债率会随着负向需求冲击持续期的增加而上升；有息负债率 $Lev2$ 的均值分别为 0.4190、0.4009、0.3665，中位数分别为 0.4448、0.4369、0.3967，而经营性负债率 $Lev3$ 的均值分别为 0.1458、0.1424、0.1351，中位数分别为 0.1204、0.1180、0.1120，说明随着负向需求冲击持续期的增加，有息负债率和经营性负债率呈现递减趋势。

第三节　实证研究结果与分析

一　不同持续期需求冲击对企业整体负债水平影响的实证结果

表 5-4 报告了不同持续期的需求冲击对企业整体负债水平的影响。首先，对比不同持续期需求冲击回归系数的大小后发现，在全样本中，需求冲击持续一期和持续二期其回归系数分别为 -0.0107 和 -0.0182，且至少在 5% 的置信水平下显著，但在需求冲击至少持续三期的情形下，其对企业整体负债水平的影响显著降低，$S×P3$ 的回归系数在 10% 的置信水平下不显著，说明需求冲击对企业债务融资的调节作用存在持续期上的阈值效应。

其次，从正向需求冲击的估计结果来看，在正向需求冲击持续一期、持续二期和至少持续三期三种情形下，其回归系数分别为 0.0571、0.0377 和 0.0667，且至少在 5% 的置信水平下显著，说明正向需求冲击对企业整体负债水平具有显著的诱导作用，且随着持续期增加影响作用不断加深。

最后，从负向需求冲击的估计结果来看，在持续期为一期、二期和至少三期的三种情形下，负向需求冲击的回归系数分别为 -0.0164、-0.0993 和 -0.1867。持续一期的负向需求冲击的回归系数不显著，但在持续二期和至少持续三期的情形下，负向需求冲击的回归系数均在 5% 的置信水平下显著。结果表明，短期的负向需求冲击并不会显著影响企业整体负债水平，企业倾向于保持原有的债务融资决策继续等待更加明确的市场信息，但一旦负向需求冲击的持续期增加，企业整体负债的增幅将加大。

表 5-4 不同持续期需求冲击对企业整体负债水平的影响

变量	全样本	正向需求冲击	负向需求冲击
$P2$	-0.0025 (-0.66)	0.0072 (1.39)	-0.0215^{***} (-2.63)
$P3$	0.0014 (0.39)	0.0004 (0.09)	-0.0308 (-1.57)
$S \times P1$	-0.0107^{**} (-2.46)	0.0571^{***} (3.56)	-0.0164 (-0.67)
$S \times P2$	-0.0182^{***} (-2.87)	0.0377^{**} (2.35)	-0.0993^{**} (-2.04)
$S \times P3$	0.0051 (0.91)	0.0667^{***} (4.35)	-0.1867^{**} (-2.09)
S		-0.0628^{***} (-4.47)	-0.0070 (-1.20)
$Profit$	-0.6229^{***} (-26.76)	-0.5653^{***} (-24.91)	-0.6078^{***} (-13.60)

续表

变量	全样本	正向需求冲击	负向需求冲击
Tang	0.0927 *** （6.50）	0.0016 （0.11）	0.0952 *** （3.39）
Cash	0.2327 *** （21.41）	−0.0618 *** （−33.54）	−0.0617 *** （−14.16）
Exp	−0.4079 *** （−5.37）	−0.5866 *** （−8.03）	−0.4260 ** （−2.17）
截距项	0.3516 *** （13.35）	0.5670 *** （22.41）	0.3478 *** （4.34）
Industry	已控制	已控制	已控制
Year	已控制	已控制	已控制
R^2	0.1833	0.2404	0.1864
观测值（个）	9796	9796	9796
F 检验	$S×P1 = S×P2$ （3.14 *） $S×P2 = S×P3$ （6.00 **） $S×P1 = S×P3$ （0.97）	$S×P1 = S×P2$ （5.01 **） $S×P2 = S×P3$ （9.40 ***） $S×P1 = S×P3$ （1.65）	$S×P1 = S×P2$ （2.99 *） $S×P2 = S×P3$ （3.85 *） $S×P1 = S×P3$ （3.56 *）

注：1. *、** 和 *** 分别表示在 10%、5% 和 1% 的置信水平下显著。2. F 检验对应的是 F 值。其余括号内为 Z 值。本章下同。

为验证上述实证结果的可靠性，本书采用变量替换的方式进行稳健性检验。考虑到处于制造业不同产业环节或者不同行业的企业营业收入增长率可能存在差异，本书采用 $\dfrac{营业收入增长率}{行业营业收入增长率中位数}$ 作为需求冲击的代理指标重新估计了模型。由表 5-5 可知，采用更换解释变量的方法进行稳定性检验时，虽然 *S×P1* 回归系数的符号有改变，但是并没有通过显著性检验，其余变量的检验结果与前文基本一致，因此可以认为本书的实证研究结果是稳健的。

表 5-5　稳健性检验

变量	正向需求冲击	负向需求冲击
$P2$	-0.0125***	-0.0018
	(-2.82)	(-0.35)
$P3$	-0.0208***	0.0068
	(-6.03)	(1.06)
$S×P1$	0.0004*	0.0002
	(1.71)	(0.64)
$S×P2$	0.0005**	-0.0007**
	(2.35)	(-2.33)
$S×P3$	0.0011***	-0.0018***
	(4.35)	(-4.38)
S	-0.0006***	-0.0002
	(-3.77)	(-1.25)
控制变量	已控制	已控制
R^2	0.1853	0.1853
观测值(个)	9796	9796
F 检验	$S×P1=S×P2$	$S×P1=S×P2$
	(4.66**)	(6.14**)
	$S×P2=S×P3$	$S×P2=S×P3$
	(7.66***)	(4.19**)
	$S×P1=S×P3$	$S×P1=S×P3$
	(1.17)	(18.98***)

二　不同持续期需求冲击对企业融资性负债和经营性负债影响的实证结果

表 5-6 对比了不同持续期的正向需求冲击和负向需求冲击对企业融资性负债和经营性负债的影响。

表5-6　不同持续期正向和负向需求冲击对企业融资性负债和经营性负债的影响

变量	正向需求冲击		负向需求冲击	
	融资性负债	经营性负债	融资性负债	经营性负债
$P2$	-0.0188*** (-3.25)	0.0025 (1.07)	0.0124 (1.48)	-0.0097*** (-2.91)
$P3$	-0.0193*** (-4.30)	0.0073*** (3.93)	0.0064 (0.62)	-0.0136*** (-3.29)
$S×P1$	-0.0329* (-1.84)	-0.0142* (-1.93)	-0.0448** (-2.18)	0.0233*** (2.86)
$S×P2$	-0.0146 (0.82)	-0.0154** (-2.10)	0.0458* (1.94)	-0.0138* (-1.86)
$S×P3$	0.0122** (2.24)	-0.0186*** (-2.64)	0.0168 (0.42)	-0.0231 (-0.32)
S	0.0123 (0.79)	0.0205*** (3.18)	-0.0143*** (-3.66)	0.0042*** (2.69)
$Profit$	-0.1767*** (-7.02)	-0.0583*** (-4.04)	-0.2382*** (-9.10)	-0.0423*** (-4.07)
$Tang$	-0.0084 (-0.55)	0.7162 (1.40)	-0.0470*** (-2.88)	0.0081 (1.25)

续表

变量	正向需求冲击		负向需求冲击	
	融资性负债	经营性负债	融资性负债	经营性负债
Cash	-0.0368*** (-17.33)	-0.0446*** (-16.33)	-0.0365*** (-17.16)	-0.0138*** (-16.33)
Exp	-1.0624*** (-13.06)	-0.0446*** (-2.93)	-1.3266*** (-15.72)	-0.0916*** (-2.73)
截距项	0.4935*** (17.42)	0.1196*** (10.29)	0.7085*** (24.35)	0.1222*** (10.58)
Industry	已控制	已控制	已控制	已控制
Year	已控制	已控制	已控制	已控制
R^2	0.1940	0.0725	0.1322	0.0741
观测值(个)	9796	9796	9796	9796
F检验	$S{\times}P1 = S{\times}P2$ (3.59*) $S{\times}P2 = S{\times}P3$ (0.96) $S{\times}P1 = S{\times}P3$ (6.12**)	$S{\times}P1 = S{\times}P2$ (0.10) $S{\times}P2 = S{\times}P3$ (0.53) $S{\times}P1 = S{\times}P3$ (1.65)	$S{\times}P1 = S{\times}P2$ (5.56**) $S{\times}P2 = S{\times}P3$ (3.47*) $S{\times}P1 = S{\times}P3$ (2.03)	$S{\times}P1 = S{\times}P2$ (5.90**) $S{\times}P2 = S{\times}P3$ (3.31*) $S{\times}P1 = S{\times}P3$ (0.03)

首先，对比分析正向需求冲击对融资性负债和经营性负债的影响。从企业融资性负债模型的回归结果来看，在正向需求冲击的样本中，在持续一期、持续二期和至少持续三期的三种情形下，正向需求冲击的回归系数分别为−0.0329、−0.0146和0.0122，三种持续期下持续一期和至少持续三期的正向需求冲击的回归系数分别在10%和5%的置信水平下显著。经检验，持续一期正向需求冲击的回归系数与持续二期和至少持续三期正向需求冲击的回归系数具有显著差别，这可能是因为当受到短期正向需求冲击作用时，企业现金流充足且赢利能力上升，为了减少利息支出，企业减少了融资性负债的使用。但是，随着正向需求冲击持续期的增加，在一致性乐观的市场预期影响下，企业投资意愿上升，作为主要资金来源的融资性负债显著增加。

从企业经营性负债模型的回归结果来看，在持续一期、持续二期和至少持续三期的三种情形下，正向需求冲击的回归系数分别为−0.0142、−0.0154和−0.0186，三种持续期下正向需求冲击的回归系数至少在10%的置信水平下显著，说明在正向需求冲击下，相对充裕的现金流使企业减少了经营性负债的使用。经检验，在持续一期、持续二期和至少持续三期的三种情形下正向需求冲击的回归系数没有显著差别，表明正向需求冲击持续期的长短并不会显著影响企业经营性负债对当期正向需求冲击大小的反应。

其次，对比分析负向需求冲击对融资性负债和经营性负债的影响。从企业融资性负债模型的回归结果来看，在持续一期、持续二期和至少持续三期的三种情形下，负向需求冲击的回归系数分别为−0.0448、0.0458和0.0168，持续一期和持续二期负向需求冲击的回归系数分别在5%和10%的置信水平下显著，至少持续三期负向需求冲击的回归系数不再显著。这意味着当负向需求冲击的持续期为一期时，其将导致融资性负债显著上升，但随着负向需求冲击持续期的增加，为了降低负债的利息支出或者负债所带来的风险，企业融资性负债下降。此外，随着负向需求冲击持续期的继续增加，市场机制对融资性负债的调节作用被削弱，其原因可能在于举债能力和偿债能力的下降使企业有息负债率维持在一定水平后无法继续调整。

从企业经营性负债模型的回归结果来看，在持续一期、持续二期和至少持续三期的三种情形下，负向需求冲击的回归系数分别为0.0233、−0.0138 和−0.0231，持续一期和持续二期的负向需求冲击的回归系数分别在 1% 和 10% 的置信水平下显著。这说明在短期负向需求冲击下，由于上游企业可能同样面临现金流短缺问题，但短期内企业负债能力影响较小，企业选择降低经营性负债并提高融资性负债。但是，一旦负向需求冲击的持续期增加，企业现金流状况恶化且负债能力显著降低，企业只能最大限度地利用商业信用等经营性负债对融资性负债进行替代，维持生产经营，进而导致经营性负债增加。在负向需求冲击持续期较短时，二者的替代效应明显，但是在负向需求冲击至少持续三期时，市场机制对经营性负债和融资性负债的调节作用逐渐失效。

综合以上回归结果可知，正向需求冲击对企业债务融资具有显著的诱导作用。与此相反，负向需求冲击持续期为一期时，企业不会立即调整负债，一旦负向需求冲击持续二期及以上时，企业整体负债水平与当期负向需求冲击呈现显著负向关系，其原因可能在于一旦负向需求冲击持续发生，企业经营效益显著下降，会极大地恶化财务状况，偿债能力的下降导致企业对外部债务资金产生较强的依赖，存量贷款清偿困难，因此表现出一旦企业经历持续性的负向需求冲击时，整体负债水平会出现显著上升的现象。

将企业负债分解为融资性负债和经营性负债后发现，在持续期为一期的正向需求冲击下，企业会降低有息负债率和经营性负债率，但是随着持续期的不断增加，企业将增加融资性负债，而经营性负债不会显著变化。产生以上结果的原因主要在于，在短期正向需求冲击下，一方面，赢利能力提升为企业产生充足的现金流，提高了对融资性负债和经营性负债的偿还能力。另一方面，企业面对短期正向需求冲击时，不会立即改变投资布局和产能布局，对融资性债务资金的需求较小。随着正向需求冲击持续期的增加，企业具有强烈的投资意愿和产能扩张意愿，对于融资性负债资金的需求上升。在负向需求冲击持续一期时，融资性负债增加而经营性负债减少，这可能是因为短期负向需求冲击对企业举债能力影响较小且信贷资源供给尚未受到较大冲击。但是在负向需求冲击持续二期时，融资性负债减少而经营性负债增加，其原因在于在负向需求冲击下，负债能力下降，企业难以获得债务资金就只能增加经营性负债，用以生产经营。由此可见，短期内融资性负债和经营性负债之间可能存在"替代效应"，企业通过调整内部债务融资结构应对外部市场环境的变化。在负向需求冲击至少持续三期时，市场机制对经营性负债和融资性负债的调节作用失效。

第四节　本章小结

2020年初新冠疫情引起经济和社会环境显著变化，给中国制造业带来了严重的需求冲击。疫情之下，全球经济下行压力加大，降低了需求短期内复苏的可能性。为了揭示在持续性需求冲击下市场对企业债务融资行为的作用机制，本章采用2004~2019年制造业上市公司财务数据，深入研究了不同持续期的正向需求冲击和负向需求冲击对企业整体负债、经营性负债和融资性负债的影响，并得出以下结论。

第一，本书在考察了不同持续期需求冲击对企业整体负债水平的影响后发现，正向需求冲击对债务融资具有显著的诱导作用，且随着持续期的增加，其影响不断加深。负向需求冲击对企业整体负债水平的影响也随着持续期的增加而不断加深。负向需求冲击持续期为一期时，企业不会立即调整债务结构，随着持续期的增加，负向需求冲击对企业整体负债水平的推升作用愈加显著。

第二，从不同持续期需求冲击对融资性负债和经营性负债的影响来看，在持续期为一期的正向需求冲击下，企业将减少融资性负债和经营性负债，说明短期内营业利润的增加使企业倾向于偿还债务。但是随着正向需求冲击持续期的不断增加，企业融资性负债显著增加，经营性负债没有显著变化，这主要是由于需求上升触发的投资和产能扩张往往是由金融机构所提供的信贷资金支持的，而经营性负债仅用于企业日常经营。在负向需求冲击持续一期时，融资性负债增加而经营性负债减少；负向需求冲击持续二期时，融资性负债减少但经营性负债增加；负向需求冲击至少持续三期时，虽然显著性水平改变，但符号关系仍然没有改变。以上结果说明短期需求冲击下，融资性负债和经营性负债之间存在"替代效应"，市场调节机制会促使企业调整内部债务结构来适应外部市场环境的变化；但是随着负向需求冲击持续期的增加，市场机制对融资性负债及经营性负债的调节作用逐渐失效，二者之间的"替代效应"也逐渐减弱。

上述结论的政策启示是：谨慎防范市场持续性正向需求冲击对企业债务融资行为的过度诱导作用，建立对信贷资金的监管和预警平台，防止企业非理性的负债行为；在持续性负向需求冲击阶段，需要精准的政府政策措施稳定企业对市场的预期，释放存量债务。

第六章　需求冲击下制造业企业资产配置 与债务融资非对称性机制研究

制造业作为国民经济发展的支柱产业，为改革开放以来中国经济持续高速的发展做出了重要贡献。然而，金融危机爆发至今，全球经济复苏进程曲折而缓慢，频繁的国际贸易摩擦以及低迷的国内需求导致中国制造业陷入了产能过剩与债务危机共存的困局，时刻挑战中国经济的平稳运行。一方面，产能过剩企业在占用大量资源的同时带来了大规模的无效产出，阻碍了中国制造业深化和产业结构升级的步伐；另一方面，企业债务水平居高不下增加了企业的经营风险和财务风险，加剧了经济金融系统的脆弱性，增大了债务危机爆发的可能性。在此背景下，"去产能"与"去杠杆"成为近年来中国经济工作中的主旋律。虽然中央政府出台了多项治理措施，力图破解制造业当前的困局，但实体经济下滑和杠杆攀升的态势却愈加明显。反思以往在化解过剩产能、治理过度负债过程中存在的问题，忽视了企业资产配置与债务调整之间的关联机制，"头疼医头、脚疼医脚"，将"去产能"与"去杠杆"二者分而治之。这种缺少统筹协调、先后顺序的治理措施，使得在市场需求紧缩环境中夹缝求生的制造业企业经营日益困难。尤其是，如果市场机制对不同需求冲击下企业资产配置和债务融资行为的影响存在差异，那么准确揭示需求冲击下债务"进入"与"退出"的市场作用规律，不仅是对市场失灵领域予以及时的纠正前提，还关系到今后在杠杆治理过程中如何合理地确定政府施政边界，降低政策试错成本，进而实现供给侧结构性改革和经济复苏的协调推进。

第一节　国内外研究现状

资产配置与债务融资决策作为企业的两大核心决策，长期以来受到众多学者的广泛关注。企业对于资产的配置可以是对资产规模的调整，也可以是对存量资产利用效率的管理。关于企业投资和债务融资决策关系的研究可以追溯到 Dhrymes 和 Kurz（1967）的资金流学说。他们认为企业的三种资金来源渠道（企业利润、债务融资和股权融资）之间存在着相互竞争的关系，投资支出和股利支付这两种资金支出方向也会因为共同分享有限的资金而相互竞争。后续众多学者对投融资决策之间的互动关系进行了深入的探讨（McDonald et al.，1975；Peterson and Benesh，1983；Lin et al.，2008），但是对于二者之间的关系尚未形成一致结论。

不同于资金流学说，现代公司金融理论认为投资支出在产生资金需求的同时也会为企业提供一种贷款保障，这意味着投融资决策之间可能不仅仅是一种资金供给和需求的关系。由于投资最后形成资产，资产利用和运营效率决定了企业的赢利能力，将进一步影响企业负债行为。Dotan 和 Ravid（1985）认为，从边际意义上来看，企业更高的生产产能应该利用更少的债务资金。张茉楠（2013）基于统计数据发现，中国企业部门资产负债率的上升与结构性产能过剩有关，越是产能过剩的企业，资产负债率越高。王宇和杨娉（2016）认为无论是投资过热引发的产能扩张，还是经济下行期过剩产能的维持，都会引起债务规模的上升。任泽平和冯赟（2016）、陆岷峰和葛和平（2016）、洪朝伟（2018）进一步分析发现国内外市场需求萎缩导致新增产能无法找到新需求的支撑，严重的产能过剩使得大量企业掉进了"借新债还旧债"的无底洞中，进而推高了企业负债率。但是上述研究成果主要是基于现实数据的推断和定性分析，缺少理论支撑与实证检验，难以揭示资产配置与企业负债行为之间真正的关联机制及其背后逻辑。

可见，需求冲击会通过企业资产配置调整间接影响企业的债务融资决策。当市场形势转变时，为了在产品市场上保持或获得持续的盈利，企业势必要在资产配置和战略行动上做出反应，而投资和产能的重新布局依赖债务融资的配合与支持，这意味着企业对债务水平的调整往往是伴随着需求冲击下企业资产配置活动而实现的。但是通过对文献的梳理可知，现有研究工作并没有将需求冲击下企业的资产配置行为和债务融资行为纳入一个统一的框架中分析，从资产和资本配置的协调机制角度出发，研究需求冲击下资产配置调整对企业债务融资行为的影响。因此，科学揭示需求冲击下资产配置行为对债务融资决策的市场传导机制，不仅是探索当前我国经济新旧动能加速换挡期，优化投资和产能配置对化解市场负向需求冲击、防范企业债务风险有效性的前提，也为后疫情时代如何实现供给侧结构性改革深化与制造业复苏的协调推进提供了理论支撑和决策依据。

第二节　理论分析与研究假设

企业作为市场经济中自主经营、独立决策的经济主体，其行为决策是整个社会经济运行的微观投影。如果期望准确揭示当前中国企业部门高杠杆形成的原因，就需要从微观企业个体的负债行为动机及负债行为的制约条件入手，剖析经济主体的行为规律。通常认为，决定和制约企业负债行为的因素来自企业内部特征因素和企业外部环境因素，其中产品需求冲击无疑是影响企业债务融资决策最重要且最直接的外部因素。市场需求冲击对企业负债行为的影响机制在中国可能更容易观测，这是因为相较于发达国家，中国经济具有转型经济加新兴市场特征，市场供求形势的频繁转换，加之投资与债务融资相关制度尚未完善，使得市场需求对企业债务融资决策的实际冲击效应可能会被放大。

根据权衡理论，企业目标杠杆取决于负债收益与财务困境成本的均衡。从融资战术层面来看，债务融资不仅是一种资金来源，也是决策者借以调控企业价值的一种手段，债务融资自身的价值创造在于利息不计入税前利润，能够为企业产生税收节约效益。但除了对融资战术层面的考虑，本书认为企业债务结构的调整主要是服务于公司的整体战略，具体表现为企业负债实现主动调整往往是伴随着资产配置活动进行的（甘丽凝等，2015）。需求冲击不仅可以通过影响债务融资自身的价值创造来影响负债水平，还会通过投融资之间的供求关系以及资产配置行为所产生的收入效应影响债务融资决策。企业资产配置行为主要体现在两个方面：一是对资产规模的调整，表现为新增投资；二是对存量资产的利用，具体体现为产能利用率。

（1）需求冲击下新增投资对债务融资调整的影响机制分析

需求冲击下，新增投资会通过投融资的资金供求关系和负债投资的收入效应影响企业债务融资决策。

首先，从债务融资与投资的资金供求关系来看，中国作为一个人口众多的后发经济体，旺盛的改善性需求需要通过不断增加投资建立新产能以填补市场缺口。林毅夫（2007，2010）认为像中国这种赶超型国家，需求的快速扩张容易使企业形成共识，一哄而上大举投资，这种

"投资潮涌"现象普遍存在于市场需求上升期。因此，一旦正向需求冲击为"投资潮涌"的形成提供市场演变条件和诱因，在对市场前景的一致性乐观预期下，为了保障投资项目的现金流供给，债务资金将会随着投资的上升不断涌向企业。在剧烈的正向需求冲击下，投资扩大对负债形成诱导促进作用，企业会主动扩大融资规模满足投资的资金需求。

其次，负债投资具有收入效应，投资支出不仅是一种资金花费，也是一种价值创造的过程。主业投资会为企业产生持续的收入和利润，企业也可以利用投资对现金流进行有效管理，提高企业的偿债能力并抑制财务风险。在市场需求快速上升阶段，投资风险降低且投资机会增加，投资预期收益上升。由于负债投资的收入效应抑制了财务风险和违约风险，投资越多企业在未来赢利能力越强，负债承受能力也就越强。因此，市场上升期投资收入效应对债务融资产生促进作用。基于上述分析，本章提出如下假设。

H1a：在剧烈正向需求冲击下，负债与投资支出正相关，投资的收入效应和诱导效应对债务融资的"进入"具有显著的促进作用。

当需求增长放缓时，部分对市场预期具有较强判断力的企业会敏锐地感知市场下行风险，这些"先知先觉"的企业将谨慎投资并主动降低负债水平来控制风险。而部分对市场前景持乐观态度或者由于投资惯性需要持续债务融资支持的企业，会选择继续进行负债投资的行为。因此，本章提出如下假设。

H1b：在温和正向需求冲击下，投资对负债不存在显著影响。

当市场遭受严重的负向需求冲击时，投资迅速回落虽然会导致企业对债务资金需求下降，但递增的财务和违约风险对负债提供的税收节约和投资收益产生了抵减效应，投资收入效应迅速减退会削弱企业的赢利能力和偿债能力。财务风险上升会激励企业通过使用供应商或客户提供的商业信用、贷款展期、借新还旧等方式调整企业债务融资的内部结构和期限结构，保持或增加负债规模以防御市场持续下行的冲击；另外，在负向需求冲击下，当企业需要通过出售闲置资产偿还债务时，由于其同业者可能面临相同的困难，专用性资产的有限可调配性将导致资产售价远低于其最佳使用价值，进一步加剧了公司的财务风险。由此推断，一旦市场下行期产品滞销使得投资累积的产能无法持续为企业产生足够的现金流以支付贷款本息时，大量囤积的专用性资产会导致需要出售资产偿还债务的企业财务困境成本上升（章之旺、张正堂，2008），陷入庞氏融资的局面，企业负债水平可能不存在向下调整的空间。基于上述分析，本章提出如下假设。

H1c：在负向需求冲击下，负债与投资支出负相关，投资下降对债务清偿具有显著抑制作用。

（2）需求冲击下产能利用率对债务融资调整的影响机制分析

产能利用率的高低直接影响产出水平和赢利能力，进而影响企业债务融资决策。市场供求形势变化直接影响企业产出，短期内企业对扩张性需求冲击最直接的反应就是提高现有资产的利用效率使产能最大化，以满足需求缺口。赢利能力的提高为企业产生充足的现金流，会导致内部资金对外部债务融资进行替代，有效降低企业负债水平。相反地，已有研究发现固定资产专用性（Dixit and Pindyck，1994；Bloom，2000；Sun et al.，2017）、产能形成的时滞性与投资惯性等因素（孙巍、张子健，2020）会导致负向需求冲击下市场机制对产能退出调节失效，固定资产大量闲置使企业产能利用率大大降低。产能利用率下降将会恶化企业经营绩效和现金流，不但会削弱企业对负债的清偿能力，更会提高企业对外源性资金的依赖。基于上述分析，本章提出如下假设。

H2：在不同需求冲击下，产能利用率均与企业负债水平负相关。

第三节　需求冲击下新增投资和产能利用率
与债务融资行为关系分析

一　模型构建与变量设计

（1）模型构建

为检验资产配置对企业负债水平的影响，首先以资产规模调整为切入点，建立新增投资影响负债水平的实证模型。模型设定如下：

$$Lev_{it} = \alpha_0 + \alpha_1 Inv_{i,t-1} + \sum_{1 \leqslant i} \alpha_i X_{i,t-1} + \varepsilon_{it} \qquad (6-1)$$

$$Lev_{it} = \alpha_0 + \alpha_1 Inv_{i,t-1} + \alpha_2 Inv_{i,t-1} \times S_{i,t-1} + \sum_{1 \leqslant i} \alpha_i X_{i,t-1} + \varepsilon_{it} \quad (6-2)$$

其中，式（6-1）研究新增投资对债务融资的主效应，式（6-2）研究需求冲击对二者的作用机制。Lev 表示企业资产负债率，Inv 表示新增投资，S 表示需求冲击虚拟变量。X 为一系列控制变量，包括赢利能力（Prf）、管理费用率（Exp）、偿债能力（Slv）、企业规模（$Size$）、行业（$Industry$）和年份（$Year$）虚拟变量。ε 为随机扰动项。为了缓解内生性问题，所有回归变量均采用了滞后项。

其次从存量资产的利用效率出发，建立产能利用率影响企业负债水平的实证模型。模型设定如下：

$$Lev_{it} = \alpha_0 + \alpha_1 CU_{i,t-1} + \sum_{1 \leqslant i} \alpha_i X_{i,t-1} + \varepsilon_{it} \qquad (6-3)$$

$$Lev_{it} = \alpha_0 + \alpha_1 CU_{i,t-1} + \alpha_2 CU_{i,t-1} \times S_{i,t-1} + \sum_{1 \leqslant i} \alpha_i X_{i,t-1} + \varepsilon_{it} \quad (6-4)$$

式（6-3）和式（6-4）分别研究产能利用率（CU）对债务融资的

主效应，以及不同需求冲击下产能利用率对债务融资的差异化影响。

（2）变量设计

新增投资（Inv）反映了企业资产规模的变化。通过计算购建固定资产、无形资产和其他长期资产所支付的现金与处置固定资产、无形资产和其他长期资产所收回的现金之间的差额得到在一个会计年度内的投资净额，为了保证企业之间具有可比性，将得到的数据进行比值化处理，用本年投资净额除以年初总资产作为新增投资的代理指标。

产能利用率（CU）衡量了企业对存量资产的利用效率。以往文献分别从宏观与行业层面对产能利用率的测度方法进行了研究，主要有峰值法（沈利生，1999）、数据包络分析法（DEA）和随机前沿法（SPF）（孙巍等，2008）、成本函数法（韩国高等，2011），但测度微观企业个体产能利用率及产能过剩程度的指标较少。鉴于使用固定资产存量水平来测度生产能力已得到学术界的广泛认可，本书参考修宗峰和黄柏建（2013）以及周泽江和修宗峰（2017）的指标构建方法，采用企业固定资产净额与营业收入的比值作为测度产能利用率的指标。该指标数值越大，表明产能利用率越低，产能过剩程度也越严重；该指标数值越小，表明产能利用率越高，产能不足矛盾愈加凸显。

在刻画需求冲击（S）时，以往文献中多使用宏观经济数据或行业景气指数。但是，从微观层面来看，由于企业间产品的差异性、消费者偏好等因素的存在，每个企业所面临的市场需求冲击是不同的，这也就意味着基于汇总的数据所构建出的需求冲击指标无法反映微观个体的差异化市场需求状态。市场供求信息通常会反映在公司日常经营的一系列财务数据中，基于企业财务数据计算需求冲击指标更加合理。因此，本书使用营业收入增长率作为需求冲击的代理指标。

本节变量的符号、名称及说明如表 6-1 所示。

表 6-1　变量描述

变量符号	变量名称	变量说明
Lev	资产负债率	总负债/总资产账面值
Inv	新增投资	(购建固定资产、无形资产和其他长期资产所支付的现金-处置固定资产、无形资产和其他长期资产所收回的现金)/年初总资产
CU	产能利用率	固定资产净额/营业收入
S	需求冲击	(本年营业收入-上年营业收入)/上年营业收入
$S1$	剧烈正向需求冲击	$S1=1$ 表示剧烈正向需求冲击，$S1=0$ 表示其他
$S2$	温和正向需求冲击	$S2=1$ 表示温和正向需求冲击，$S2=0$ 表示其他
Prf	赢利能力	营业利润/营业收入
Exp	管理费用率	管理费用/总资产
Slv	偿债能力	流动资产/流动负债
$Size$	企业规模	总资产的自然对数
$Industry$	行业虚拟变量	按照中国证监会 2012 年修订的 C13~C43 制造业行业分类标准设定虚拟变量
$Year$	年份虚拟变量	按照年份 2008~2017 年设定了 9 个虚拟变量

二　样本选择与描述性统计

（1）样本选择

鉴于上市公司各项财务数据指标更加完整可靠，本节根据中国证监会 2012 年修订的行业分类标准，选取沪深 A 股制造业上市公司的年度财务数据为研究样本。本节样本时间的跨度为 2008~2017 年，主要是考虑到 2008 年国际金融危机后，国内外供求形势的频繁转换使得产品市场进入震荡期，且这一时期企业部门高杠杆问题尤为突出，为本书提供了良好的研究时机。此外，本章对样本数据做了以下筛选和处理：①为保证样本具有可比性，剔除了主要变量缺失和异常的样本；②剔除了观测数据少于连续两年的样本；③在构建主要变量时，为了降低离群值的影响，对所有连续型变量进行上下 1% 的缩尾处理。

最终筛选出 1534 家制造业上市公司共计 10920 个观测样本。本节数据来自国泰安（CSMAR）数据库中的企业财务年报及财务报表附注。

（2）描述性统计

主要回归变量的描述性统计结果见表 6-2，变量最小值和最大值均是未经过缩尾处理的结果。

表 6-2　主要回归变量的描述性统计结果

变量	分组	均值	标准差	Q1	中位数	Q3	最小值	最大值
Lev	全样本	0.4626	0.2128	0.3022	0.4555	0.6119	0.0071	63.9712
	剧烈正向需求冲击	0.4580	0.1973	0.3088	0.4564	0.6021	0.0218	63.9712
	温和正向需求冲击	0.4492	0.2032	0.2963	0.4413	0.5939	0.0071	13.7114
	负向需求冲击	0.4829	0.2370	0.3022	0.4742	0.6401	0.0091	12.1274
Inv	全样本	0.0659	0.0713	0.0190	0.0450	0.0889	-10.1750	24.5701
	剧烈正向需求冲击	0.0769	0.0778	0.0240	0.0543	0.1050	-0.6230	4.5569
	温和正向需求冲击	0.0662	0.0676	0.0216	0.0472	0.0891	-0.7897	24.5701
	负向需求冲击	0.0535	0.0659	0.0122	0.0346	0.0730	-10.1750	2.6150
CU	全样本	0.4993	0.4130	0.2194	0.3836	0.6473	0.0001	727.7958
	剧烈正向需求冲击	0.5271	0.4459	0.2222	0.3954	0.6786	0.0001	727.7958
	温和正向需求冲击	0.4709	0.3761	0.2167	0.3668	0.6141	0.0042	9.4767
	负向需求冲击	0.5013	0.4136	0.2202	0.3911	0.6550	0.0002	24.0866
Slv	全样本	2.0554	2.0086	0.9937	1.4436	2.2620	0.0110	204.7421
	剧烈正向需求冲击	2.1771	2.1112	1.0476	1.5108	2.4090	0.0110	54.3727
	温和正向需求冲击	2.0549	1.9117	1.0236	1.4795	2.2731	0.0292	88.7268
	负向需求冲击	1.9226	1.9934	0.8915	1.3356	2.1193	0.0177	204.7421

续表

变量	分组	均值	标准差	Q1	中位数	Q3	最小值	最大值
Prf	全样本	0.2261	0.1492	0.1248	0.1988	0.2977	−1.0879	0.9302
	剧烈正向需求冲击	0.2459	0.1640	0.1390	0.2171	0.3212	−0.6022	0.8524
	温和正向需求冲击	0.2375	0.1477	0.1400	0.2091	0.3041	−0.5180	0.9302
	负向需求冲击	0.1908	0.1388	0.0959	0.1673	0.2545	−1.0879	0.8553

注：根据本书对需求冲击的划分标准，剧烈正向需求冲击、温和正向需求冲击及负向需求冲击企业的样本数分别为 3697 个、3846 个和 3377 个。

从分组后的结果来看，从剧烈正向需求冲击到负向需求冲击，资产负债率的均值和四分位数呈现先下降后上升的 U 形变化趋势，说明负债水平的上升既存在于剧烈正向需求冲击阶段，也存在于负向需求冲击阶段。新增投资、偿债能力和赢利能力的均值、四分位数基本呈现下降趋势，说明新增投资、偿债能力和赢利能力存在显著的顺周期变化特征。

三　实证研究结果与分析

（1）需求冲击下新增投资与债务融资调整关系模型

在回归分析中，根据 Hausman 检验和 F 检验的结果确定使用面板固定效应模型进行回归估计。需求冲击下新增投资与债务融资调整关系模型回归结果见表 6-3。

表 6-3　需求冲击下新增投资与债务融资调整关系模型回归结果

变量	FE（1）	FE（2）
$Inv \times S1$		0.0944 ***
		（3.32）
$Inv \times S2$		0.0345
		（1.16）

续表

变量	FE(1)	FE(2)
Inv	0.0642***	-0.0473*
	(3.57)	(-1.75)
Size	0.0093***	0.0776***
	(4.25)	(3.59)
Slv	-0.0260***	-0.5616***
	(-28.48)	(-13.51)
Prf	-0.2857***	-0.0381***
	(-16.05)	(-16.66)
Exp	-0.3804***	-0.0741
	(-4.87)	(-0.88)
截距项	0.3921***	-0.3287***
	(7.94)	(-4.44)
Industry	已控制	已控制
Year	已控制	已控制
R^2	0.1181	0.1539
F 检验		$Inv+Inv \times S1 = 0$ (4.40***) $Inv+Inv \times S2 = 0$ (0.28)
观测值(个)	10920	10920

注：*、***分别表示在10%、1%的水平下显著；F检验对应的是F值；其余括号内为t值。

表6-3第（1）列中新增投资的回归系数为0.0642，表明总体上新增投资对企业负债行为具有促进作用。在区分需求冲击后，在剧烈正向需求冲击下，新增投资 $Inv+Inv \times S1$ 的回归系数为0.0471且 $Inv \times S1$ 的回归系数在1%的水平下显著，说明在剧烈正向需求冲击下投资增加会促进企业债务融资规模的扩张。在温和正向需求冲击下，新增投资 $Inv+Inv \times S2$ 的回归系数为-0.0128且不显著，说明随着市场需求增长放缓，企业投资和负债行为回归理性，投资对负债的促进作用消退，即使部分企业仍然选择继续投资以获得更多收益，但企业负债投资的意愿微弱且企业投资收益可能更多地用来偿还债务。在负向需求冲击下，

新增投资 *Inv* 的回归系数为-0.0473，表明投资的减少不仅不会引导企业主动降低负债，还会加重企业债务负担，使企业负债水平上升。

从上述结果可以推断：第一，在剧烈正向需求冲击下，由于投资风险下降而回报率上升，投资的收入效应对债务融资具有显著的促进和诱导作用；第二，在温和正向需求冲击下，投资变化对债务融资决策的影响不显著；第三，在负向需求冲击下，虽然投资意愿和能力下降导致企业对债务融资的需求减少，但是由于投资收入效应减退，财务风险和偿债风险上升，投资缩减会制约企业的偿债能力，阻碍债务资金的"退出"。因此，假设 H1a、H1b 和 H1c 得到验证。

（2）需求冲击下产能利用率与债务融资调整关系模型

需求冲击下产能利用率与债务融资调整关系模型的回归结果见表6-4。表6-4第（1）列中产能利用率 *CU* 的回归系数为 0.0301，表明从总体上来看，产能利用率提升将有效降低企业负债水平，而产能利用率下降会导致企业负债水平上升。在区分需求冲击后，在剧烈正向需求冲击下产能利用率 $CU+CU×S1$、在温和正向需求冲击下产能利用率 $CU+CU×S2$ 的回归系数分别为 0.0290 和 0.0286，且均显著，表明在正向需求冲击下，产能利用率提高会引导企业降低负债水平，但需要指出的是一旦新增投资不断增加，新增产能过度进入，产能利用率下降将会导致负债水平上升。第（2）列中在负向需求冲击下，产能利用率 *CU* 的回归系数为 0.0374，且在 1% 的水平下显著。可见，在负向需求冲击下产能利用率下降对债务清偿的抑制作用显著高于在剧烈正向需求冲击下产能利用率上升对债务清偿的引导作用。假设 H2 得到证实。

综合考虑新增投资和产能利用率双方程可以发现，剧烈正向需求冲击会促使企业通过不断提高产能利用率提升赢利能力和经营绩效，短期内公司内源性融资能力增强使得自有现金对债务融资进行了替代，降低了企业负债水平。但是，一旦企业存量产能无法满足日益增长的需求时，产能扩张便是企业的必然选择。因此，在剧烈正向需求冲击下，一方面，投资支出上升导致企业对债务资金的需求增加；另一方面，投资收入效应提升了企业债务融资能力和负债意愿，最终导致投资上升对债务融资表现出显著的促进和诱导作用。可以认为，无论处于何种行业、时间、政策和经济环境下，企业一旦受到剧烈正向需求冲击的诱导，就会出现由"投资潮涌"引发的负债水平上升现象。

在负向需求冲击下，投资下滑以及存量资产利用效率下降导致的收入效应减退，严重影响了企业的赢利能力和偿债能力，恶化了企业现金流，财务风险上升激励企业通过供应商或客户提供的商业信用、展期、借新还旧等方式保持负债规模以防御市场继续下行。

表 6-4　需求冲击下产能利用率与债务融资调整关系模型回归结果

变量	FE(1)	FE(2)
$CU{\times}S1$		-0.0084^{**} (-2.01)
$CU{\times}S2$		-0.0088^{**} (-2.03)
CU	0.0301^{***} (3.45)	0.0374^{***} (6.67)
$Size$	0.0328^{***} (4.52)	0.0323^{***} (10.27)
Slv	-0.0268^{***} (-15.66)	-0.0267^{***} (-28.73)
Prf	-0.5121^{***} (-11.78)	-0.5117^{***} (-11.76)
Exp	-0.1717 (-0.98)	-0.1758^{**} (-2.08)
截距项	-0.2473 (-1.49)	-0.2390^{***} (-3.21)
$Industry$	已控制	已控制

变量	FE(1)	FE(2)
Year	已控制	已控制
R^2	0.1310	0.1315
F 检验		$CU+CU \times S1 = 0$ (37.98***) $CU+CU \times S2 = 0$ (28.23***)
观测值(个)	10920	10920

注: ** 和 *** 分别表示在 5% 和 1% 的水平下显著；F 检验对应的是 F 值；其余括号内为 t 值。

综上所述，需求冲击下资产配置调整对企业债务"进入"与"退出"的调节机制具有显著的非对称性。企业负债水平随需求冲击的变化呈现 U 形演化趋势，这源于不同需求冲击下，资产配置对企业负债的差异化影响机制，具体表现为对债务资金"进入"的促进作用和"退出"的抑制作用。

四 稳健性检验

首先，考虑到平衡面板数据能够避免样本进入与退出给回归结果带来的影响，本节重新选取了 2008~2017 年 625 家制造业上市公司的 6250 个平衡面板数据来验证实证研究结果的可靠性。

其次，在产能利用率指标中，营业收入仅反映了企业实际产出中的市场需求部分，对于企业全部生产信息的刻画具有局限性。产能不足或者产能过剩在现实中往往表现为供需不平衡，即市场需求下滑时，产品滞销导致产成品库存积压，市场需求小于企业实际产量；市场需求上升时，需求大于产量，产成品库存减少。综合考虑产成品库存能更好地体现企业实际产出。因此，在原有的产能利用率指标基础上

125

进行改造，采用固定资产净额/（期末产成品库存-期初产成品库存+营业收入）作为产能利用率的另一个代理指标在稳健性检验中使用。

稳健性检验结果见表 6-5。从回归结果来看，在采用新样本和变量指标后，各模型中主要变量回归系数的符号和显著性基本与前文实证研究结果保持一致，未影响研究结论，进一步说明了本章实证研究结果的可靠性。

表 6-5　资产配置与负债水平模型稳健性检验结果

变量	新增投资	产能利用率
$Inv \times S1$	0.0843 **	
	(2.07)	
$Inv \times S2$	0.0146	
	(0.35)	
Inv	−0.0634 *	
	(−1.71)	
$CU \times S1$		0.0048
		(0.79)
$CU \times S2$		−0.0041
		(−0.68)
CU		0.0412 ***
		(4.95)
$Size$	0.0292 ***	0.0349 ***
	(8.62)	(9.80)
Slv	−0.0537 ***	−0.0232
	(−3.06)	(−1.27)
Prf	−0.6094 ***	−0.0388 ***
	(−20.67)	(−19.57)
Exp	−0.5289 ***	−0.5814 ***
	(−5.41)	(−4.96)
截距项	−0.0669 ***	−0.2259 ***
	(−4.31)	(−2.67)
$Industry$	已控制	已控制
$Year$	已控制	已控制
R^2	0.1244	0.1288
观测值(个)	6250	6250

注：*、** 和 *** 分别表示在 10%、5% 和 1% 的水平下显著；括号内为 t 值。

第四节　需求冲击下异常投资与过度负债
行为关系分析

上文研究结果发现，在剧烈正向需求冲击和负向需求冲击下，企业负债水平均会上升。但仅仅根据企业负债数值的大小及其变化并不能准确判断企业的负债是否合理。动态权衡理论认为每个企业都存在一个最优的负债率，并且时刻受到企业自身内部特征因素以及外部环境因素的影响（Hackbarth et al. ，2006；姜付秀等，2008）。不同企业在不同时刻的目标负债率都会随着内外部环境的变化而改变，这意味着仅仅通过企业负债水平数值大小考察企业债务融资决策和行为的合理性是不全面的，应该通过企业实际负债率是否偏离目标负债率以及偏离程度进行判断。比如，虽然前文研究证实了剧烈正向需求冲击诱导下的"投资潮涌"会引起企业负债水平上升，但是如果需求冲击下投资支出增加引起的企业债务水平和结构的调整符合企业最优负债率，这意味着企业对债务的调整是合理有效的，并不需要过多的干预。因此，我们不仅需要关注企业实际负债水平的上升，更应该考虑企业是否存在过度负债现象。为了进一步探索不同需求冲击下企业投资行为对债务融资的影响，本节从投资和负债的合理性角度出发，实证研究了过度投资或投资不足的异常投资行为与企业过度负债行为之间的市场传导机制。

一　国内外研究现状

尽管权衡理论、优序融资理论以及市场择时理论对于企业是否存在最优负债率持有不同观点，但大量研究给出了最优负债率存在的证据（Graham and Harvey，2001；Fama and French，2002；Flannery and

Rangan，2006；王正位等，2007），并且由于企业自身和外部环境总是处于不断变化中，不同企业甚至同一企业在不同时期的最优负债率都是不同的。

行为经济学认为，现实中决策者并不能时刻都遵循"理性经济人"的假设，企业决策者的盲目乐观（Heaton，2002）、过度自信（Moore and Kim，2003）以及其他非理性的认知偏差（Cognitive Bias）都会导致决策者行为决策偏离理性预期，从而加剧企业投资和债务融资行为的扭曲，对经营绩效产生不利影响并最终损害企业利益。根据委托代理理论，由于管理者与股东之间存在着利益冲突，管理者为了维护自身利益，可能发生企业负债率偏离最优负债率的现象。Jensen和 Meckling（1976）认为股东与经理人之间的利益冲突在于经理人努力工作的成果由股东享有，而其为增加利润产生的所有成本由经理人自行承担，因此导致了经理人可能从事道德风险行为来满足自身效用最大化，进而导致非效率投资的发生。Narayanan（1985）研究发现，管理者在面对长期和短期投资项目的抉择问题时，为了维护个人声誉、提高工资等目的，往往会放弃那些更符合股东利益的长期投资项目，转而选择那些非最优的短期投资项目。管理者的非效率投资行为是导致企业偏离目标负债率的主要原因。

外生冲击同样是导致企业偏离目标负债率的重要原因（Tsyplakov and Titman，2007）。在不同的需求冲击下，企业行为目标具有较大的差异性。在市场需求繁荣期，企业的经营绩效上升并且投资机会普遍较好，企业管理者的认知偏差可能对剧烈正向需求冲击产生过度反应，导致企业过度投资的发生。为了保障过度投资项目的现金流量供给，企业管理者会增加债务融资的数量，并导致实际负债率高于最优负债率的情况。李彬（2013）实证研究发现，管理者的过度投资行为会增加企业债务融资的规模，过度投资会导致企业债务稳健性降低。而当企业面临负向需求冲击时，投资风险上升，管理者投资意愿减弱。为了维护自己的声誉或利益，管理者往往会放弃那些风险较高但未来收益较好的投资项目，导致投资不足现象的发生。Nofsinger（2005）指出由于投资不足使企业对现金流量获取的压力较小，企业保守的债务政策可能导致负债不足现象的发生。不论是过度负债还是负债不足，都意味着企业实际负债率与目标负债率存在偏离，都是债务扭曲、债务配置不合理的表现。因此，探索不同需求冲击下，企业负债是否合理，对"去杠杆"政策的制定与实施具有重要意义。

二　变量设计与模型构建

（1）异常投资的度量

借鉴 Richardson（2006）和李彬（2013）的研究，首先，采用模型（6-5）估计出样本公司的预期投资（Inv^*）。已有文献更多的是采用企业自身内部特征、行业和时间特征等变量回归估计出预期投资，但企业投资活动同样受到市场需求冲击的影响。因此，本章在模型中引入了需求冲击变量。为了缓解内生性问题，所有回归变量均采用了滞后项。

$$Inv_{it} = \alpha_0 + \alpha_1 Shocks_{i,t-1} + \alpha_2 Lev_{i,t-1} + \alpha_3 Cash_{i,t-1} + \alpha_4 Size_{i,t-1} + \alpha_5 Profit_{i,t-1} + \alpha_6 \sum Year + \alpha_7 \sum Industry + \varepsilon_{it} \tag{6-5}$$

其中，Inv 表示新增投资，$Shocks$ 表示需求冲击，Lev 表示资产负债率，$Cash$ 表示现金流，$Size$ 表示企业规模，$Profit$ 表示赢利能力，$Year$ 表示年份虚拟变量，$Industry$ 表示行业虚拟变量，ε 表示随机扰动项。

其次，通过计算企业实际新增投资 Inv 与预期投资 Inv^* 的差值得

出企业异常投资 *Abinvest*，该指标值大于 0，表示企业存在过度投资行为，小于 0 则表示企业投资不足。

（2）过度负债的度量

已有研究对目标负债率的衡量主要有以下三种形式：①公司所在行业资产负债率的中位数或均值；②公司负债所能达到最大税收优惠的利息支出/实际利息支出；③通过资产负债率对其主要影响因素进行回归得到的目标负债率。鉴于第三种方式认为目标负债率由企业内部特征和外部环境因素共同决定，对目标负债率的衡量更为全面，本节采用了第三种方法，选取企业特征因素、需求冲击、行业和年份因素进行 Tobit 模型回归得到企业目标负债率，回归模型如下所示：

$$
\begin{aligned}
Lev_{it} = {} & \beta_0 + \beta_1 Shocks_{i,t-1} + \beta_2 Size_{i,t-1} + \beta_3 Profit_{i,t-1} + \beta_4 Fata_{i,t-1} + \\
& \beta_5 Cash_{i,t-1} + \beta_6 Ind\_Median_{i,t-1} + \beta_7 \sum Industry + \\
& \beta_8 \sum Year + \varepsilon_{it}
\end{aligned}
$$

$$(6-6)$$

其中，*Fata* 表示债务担保能力，*Ind_Median* 表示所在行业资产负债率的中位数，其他变量定义与前文一致。

Caskey 等（2012）提出，可以将企业负债率分解为目标负债率和过度负债率，过度负债率反映了企业负债率偏离目标负债率的程度。因此，本节用企业实际负债率减去模型（6-6）预测的目标负债率得到过度负债率 *Exlev*，该指标值越大表明企业过度负债水平越高，该指标值越小表示负债不足越严重。

（3）模型构建

首先，为了检验需求冲击与异常投资之间的关系，模型构建如下：

$$Abinvest_{it} = \alpha_0 + \alpha_1 Shocks_{i,t-1} + \alpha_2 Lev_{i,t-1} + \alpha_3 Cash_{i,t-1} +$$
$$\alpha_4 Size_{i,t-1} + \alpha_5 Profit_{i,t-1} + \alpha_6 \sum Year + \qquad (6-7)$$
$$\alpha_7 \sum Industry + \varepsilon_{it}$$

$$Exinv\_D_{i,t-1} = \alpha_0 + \alpha_1 Shocks_{i,t-1} + \alpha_2 Lev_{i,t-1} + \alpha_3 Cash_{i,t-1} +$$
$$\alpha_4 Size_{i,t-1} + \alpha_5 Profit_{i,t-1} + \alpha_6 \sum Year + \qquad (6-8)$$
$$\alpha_7 \sum Industry + \varepsilon_{it}$$

其中，$Abinvest$ 为异常投资，$Exinv\_D$ 为过度投资虚拟变量，其他变量定义与前文一致。

其次，为了检验需求冲击下过度投资和投资不足与过度负债之间的关系，根据过度投资和投资不足，将样本分组后进行回归，回归模型构建如下：

$$Exlev_{it} = \beta_0 + \beta_1 Shocks_{i,t-1} + \beta_2 Size_{i,t-1} + \beta_3 Profit_{i,t-1} + \beta_4 Fata_{i,t-1} +$$
$$\beta_5 Cash_{i,t-1} + \beta_6 Ind\_Median_{i,t-1} + \beta_7 \sum Industry +$$
$$\beta_8 \sum Year + \varepsilon_{it}$$
$$(6-9)$$

其中，$Exlev$ 表示过度负债率，其他变量定义与前文一致。

本节变量描述见表6-6。

表6-6　变量描述

变量符号	变量名称	变量说明
Inv	新增投资	（购建固定资产、无形资产和其他长期资产所支付的现金−处置固定资产、无形资产和其他长期资产所收回的现金）/年初总资产
$Abinvest$	异常投资	实际新增投资−预期投资
$Exinv\_D$	过度投资虚拟变量	$Exinv\_D = 1$ 表示过度投资；$Exinv\_D = 0$ 表示其他
Lev	资产负债率	总负债/总资产账面值
$Exlev$	过度负债率	实际负债率−目标负债率

续表

变量符号	变量名称	变量说明
Shocks	需求冲击	{营业成本/[(年初产成品库存+年末产成品库存)/2]}/行业产成品库存周转率中位数
Profit	赢利能力	净利润/总资产
Fata	债务担保能力	固定资产净额/总资产
Cash	现金流	企业经营活动产生的现金流/总资产
Size	企业规模	总资产的自然对数
Ind_Median	所在行业 *Lev* 的中位数	所在行业资产负债率的中位数
Industry	行业虚拟变量	按照中国证监会 2012 年修订的 C13~C43 制造业行业分类标准设定虚拟变量
Year	年份虚拟变量	按照年份 2004~2019 年设定了 15 个虚拟变量

三 样本选择与描述性统计

（1）样本选择

本节选取 2004~2019 年沪深 A 股制造业上市公司为研究样本。研究样本经过了以下筛选过程：①剔除相关数据缺失的样本；②由于在研究模型中需要连续两期数据，部分样本量损失了。经过上述筛选过程，最终得到 1083 家上市公司 10350 个观测样本。为了降低离群值的影响，我们对所有连续型变量进行上下 1% 的缩尾处理。本节数据来源于国泰安（CSMAR）数据库。

（2）描述性统计

表 6-7 列示了主要变量的描述性统计结果。其中，企业资产负债率的均值为 0.518，标准差为 0.257，新增投资的均值为 0.261，标准差为 0.422，说明样本期内企业投资波动较大。需求冲击的均值为 1.653，标准差为 2.433，意味着样本期内市场需求经历了显著变化。此外，经过统计后发现，样本中约 41% 的企业存在过度投资问题；约 51% 的企业实际负债率超过了目标负债率，存在过度负债问题。

表 6-7　主要变量的描述性统计结果

变量	均值	标准差	最小值	Q1	中位数	Q3	最大值
Lev	0.518	0.257	0.084	0.353	0.504	0.645	1.843
Exlev	0.017	0.232	-0.609	-0.119	0.001	0.118	1.603
Inv	0.261	0.422	-0.407	0.053	0.144	0.316	2.882
Abinvest	0.026	0.406	-1.213	-0.164	-0.074	0.083	2.911
Shocks	1.653	2.433	0.105	0.614	1.000	1.665	18.246
Cash	0.045	0.076	-0.195	0.004	0.043	0.087	0.269
Fata	0.286	0.161	0.011	0.160	0.259	0.393	0.708
Profit	0.023	0.080	-0.371	0.006	0.026	0.056	0.220
Ind_Median	0.499	0.084	0.146	0.447	0.499	0.558	0.747
Size	21.750	1.281	18.734	20.882	21.650	22.489	25.288

四　实证研究结果与分析

（1）需求冲击下企业异常投资行为的实证研究结果

表 6-8 列示了需求冲击对企业异常投资行为影响的回归结果，其中第（1）列被解释变量为连续型变量异常投资 *Abinvest*，采用固定效应模型进行回归。从回归结果来看，需求冲击 *Shocks* 的回归系数为 0.013，且在 5% 的水平下显著。第（2）列被解释变量为过度投资虚拟变量 *Exinv_D*，采用面板 Logit 模型进行回归。回归结果显示，需求冲击 *Shocks* 的回归系数为 0.184，且在 1% 的水平下显著。

表 6-8　需求冲击与异常投资模型

变量	FE(1)	Logit(2)
Shocks	0.013**	0.184***
	(2.32)	(4.93)
Cash	-0.231**	-0.808**
	(-2.56)	(-2.31)

续表

变量	FE（1）	Logit（2）
Size	-0.034 *** （-3.05）	-0.009 （0.38）
Profit	0.396 *** （3.98）	6.550 *** （13.11）
Lev	0.019 （0.43）	1.231 *** （8.90）
截距项	0.550 ** （2.19）	-1.349 *** （-2.71）
Industry	已控制	已控制
Year	已控制	已控制
R^2	0.1022	
Wald chi2		214.72
观测值（个）	10350	10350

注：** 和 *** 分别表示在 5% 和 1% 的水平下显著；第（1）列括号内为 t 值；第（2）列括号内为 Z 值。

上述结果均说明了扩张性的需求冲击使企业极易产生过度投资行为，市场需求越旺盛，企业投资越激进，过度投资程度越高；与此相反，需求下降将充分减弱企业过度投资的动机，随着市场需求降温，企业投资行为将逐渐回归理性。

（2）需求冲击下过度投资和投资不足与过度负债之间的市场传导机制

表 6-9 列示了需求冲击下，企业过度投资、投资不足与过度负债之间市场传导机制的回归结果。其中，第（1）列是过度投资企业在需求冲击下对过度负债的影响，从回归结果可知，需求冲击 *Shocks* 的回归系数为 0.0022，且在 5% 的水平下显著。这说明需求的上升将导致过度投资企业扩大债务融资的规模以弥补其投资资金缺口，从而引

起企业过度负债行为。尤其是对于我国这样具有超大规模市场的经济体，一旦市场需求出现缺口，非理性的投资行为将导致企业实际负债水平高于其最优负债水平。而在需求收缩时，过度投资激励减退，会减少债务资金的使用，企业过度负债偏差同样得以纠正。

对于投资不足组，需求冲击 Shocks 的回归系数为 -0.0028，且在5%的水平下显著，其原因可能在于投资不足的企业往往对市场需求收缩的抵御能力不足，在面对负向需求冲击时，投资不足导致企业投资"收入效应"下降得更快，陷入财务困境的概率更高。

表 6-9 需求冲击、异常投资与过度负债模型

变量	过度投资	投资不足
Shocks	0.0022 **	-0.0028 **
	(2.07)	(-2.54)
Profit	-0.5871 ***	-0.1685 ***
	(-11.781)	(-6.04)
Fata	0.0754 ***	0.0187
	(2.65)	(0.87)
Size	-0.0081 **	-0.0016
	(-2.08)	(-0.47)
Ind_Median	-0.1356 *	-0.0674
	(-1.80)	(-1.48)
Cash	0.1003 **	0.0013
	(2.24)	(0.04)
截距项	0.1891 **	0.0310
	(2.09)	(0.39)
Industry	已控制	已控制
Year	已控制	已控制
R^2	0.1244	0.1288
观测值（个）	4279	6071

注：*、** 和 *** 分别表示在 10%、5% 和 1% 的水平下显著；括号内为 t 值。

第五节　本章小结

本章基于 2008~2017 年 1534 家 A 股制造业上市公司共计 10920 个观测样本，分别设计了反映资产规模变动与资产利用效率的双重资产配置指标，实证检验了不同需求冲击下，资产配置调整与债务融资决策之间的关系，理顺了市场机制在企业资产配置和债务融资行为之间的传导效应，揭示了债务融资与需求冲击之间 U 形关系的形成机制，以及我国经济进入新常态以来负向需求冲击下制造业产能过剩与杠杆过高交织共存背后的逻辑。同时，从投资和负债的合理性出发，基于 2004~2019 年 1083 家 A 股制造业上市公司共计 10350 个观测样本，实证检验了需求冲击下，企业异常投资行为与过度负债之间的传导机制。基于上述研究工作，本章得到了以下结论。

第一，新增投资与负债方程的实证研究结果显示，在剧烈正向需求冲击下，新增投资与负债水平显著正相关，投资支出增加对企业负债水平具有显著的诱导和促进作用，这意味着一旦需求诱导下的"投资潮涌"现象发生，债务融资作为投资资金主要来源，将在"投资潮涌"效应的带动下大量流向企业，导致企业债务规模扩张。在温和正向需求冲击下，新增投资对负债水平的促进作用被削弱，二者之间不存在显著关系，说明随着需求趋于稳定，企业投资和负债行为回归理性，负债水平处于稳定阶段。而在负向需求冲击下，负债水平与新增投资显著负相关，表明在市场需求收缩阶段，投资的下降对债务的清偿可能存在抑制作用。虽然投资下降会导致企业对债务资金的需求减少，但是由于投资下滑会削弱企业赢利能力和偿债能力，企业对存量债务的清偿出现困难，进而促进负债水平上升。

第二，产能利用率与负债方程的实证研究结果表明，在正向需求冲击下企业负债水平与产能利用率显著负相关，但是在负向需求冲击下产能利用率下降对债务融资清偿的抑制作用显著高于在剧烈正向需求冲击下产能利用率上升对债务清偿的引导作用。因此，在负向需求冲击下，一方面，产能利用率下降通过收入效应减退抑制了债务的清偿与退出；另一方面，在剧烈正向需求冲击阶段"投资潮涌"所囤积的大量固定资产在需求萎缩期加剧了企业的财务风险。因为制造业资产专用性程度较高，闲置固定资产处置过程中的价值折损将加剧企业债务清偿困难，债务违约概率上升会造成负债水平被动上升。

　　第三，本章进一步从企业过度负债角度出发，探索了需求冲击下异常投资与过度负债行为之间的市场传导机制。研究发现，需求冲击与企业过度投资正相关，快速扩张的市场需求容易导致企业非理性的投资行为，进而产生过度投资现象。同时，需求冲击与过度投资组企业的过度负债之间显著正相关，这意味着需求扩张将导致企业采取更为激进的投融资策略，债务资金存在过度进入的现象。与此相反，需求冲击与投资不足组企业的过度负债之间显著负相关，这意味着负向需求冲击降低了投资不足组企业抵御市场风险的能力，偿债能力下降阻碍了投资不足组企业债务资金的清偿，企业向上偏离最优负债率，导致企业过度负债的发生。

　　上述结果说明，在市场调节机制下，投资增加对债务资金"进入"诱导作用的有效性，以及投资下滑和产能利用率下降对债务"退出"的抑制性，是需求冲击与负债水平之间 U 形关系产生的根本原因。这一结论不仅解释了中国经济高速发展时期，强烈的改善性需求迸发的巨大消费力引发"投资饥渴"，进而导致负债水平上升的现象，而且对于我国经济进入新常态以来投资增速下降、产能过剩所导致的企业部门债务攀升问题也给出了合理解释。

在中国制造业新旧动能转换的大趋势下，短期内负向需求冲击会严重抑制制造业投资，将进一步加剧企业财务风险，阻碍"中国制造"向"中国智造"转变的进程。如若定向性的政府调控政策缺失，市场机制对债务清偿引导作用失效，将制约制造业复苏与发展。因此，针对当前经济形势，首要任务是稳定有效投资，加快培育完整内需体系。

第七章 需求冲击下不同财政支出政策
对制造业企业债务融资的影响机制

改革开放以来，中国的经济转型可以看作一个由计划经济向市场经济变迁的过程，国家实施的各种调控政策几乎贯穿了整个经济改革过程。转型过程中经济的快速增长以及居民收入的迅速变迁决定了中国经济"大政府与大市场"的特征，因此政府政策与市场需求均是影响企业负债的重要外部环境因素。政府与市场的关系，历来是经济学的核心问题。一方面，政府可以通过有效的政策措施优化资产配置，弥补市场有效性不足；另一方面，不当的政策干预会加剧市场机制的失灵，导致经济运行效率的下降。

随着中国经济由高速发展进入新常态，全球经济下行压力以及国际贸易摩擦升级使得各行业市场需求出现持续显著的变动。在前文中，本书从市场机制视角出发，系统地分析了需求冲击对制造业企业债务融资"进入"与"退出"的非对称作用机制。本章中，准确揭示需求冲击下不同财政支出政策对企业杠杆水平的差异化作用机制，并在充分尊重市场运行规律的基础上，为杠杆治理工作设计有效的财政政策成为研究重点。在需求冲击下，政府利用财政政策调控企业部门杠杆时，应当更多地增加投资建设性支出还是社会保障性支出，即应该使用投资刺激政策还是消费刺激政策？弄清上述问题是新格局下实现"稳杠杆"与"稳增长"之间动态平衡，推进中国经济高质量发展的前提。

第一节 国内外研究现状

随着中国经济进入新常态，国内经济转型阵痛与国际经济环境复杂相互交织，非金融企业部门杠杆率一直维持在高位，债务风险进一步上升。学术界对中国非金融企业部门高杠杆的成因及治理方法进行了深层次的探讨与研究，大部分文献强调企业产权性质、经济体制和政府行为等体制机制方面的因素是造成企业杠杆率过高的根本原因。与上述见解不同，Qian 等（2009）认为随着中国市场化进程的推进和市场化金融体系的建成，非国有企业蓬勃发展，在国民经济中扮演着越来越重要的角色，国有企业同样具备市场化运行的基础。因此，企业债务融资行为与其产品市场环境密切相关。根据前文内容，市场机制对微观企业负债行为具有显著影响。在中国经济快速增长阶段，各行业发展迅速展现出的良好前景，对企业投资和负债产生强烈的诱导作用，而一旦需求收缩，市场机制对企业债务清偿的引导作用就会失效。上述结论意味着在需求冲击下，政府准确有效的政策是弥补市场失灵和调控杠杆的有力保证。因此，中国企业部门杠杆率的调控应该是是以市场为主导、以政策调节为辅助的复合形式。

政府宏观调控政策主要包括货币政策和财政政策，以往研究政府政策对企业负债水平作用机制的文献更多的是基于货币政策视角，研究货币政策对企业债务融资行为的影响。这些文献认为由于货币政策直接影响资本供给，2008 年国际金融危机后过度宽松的货币政策是中国非金融企业部门杠杆率上升的重要原因（王宇、杨娉，2016；舒长江等，2020），却忽略了财政政策对企业资本需求所发挥的重要作用。

政府支出作为财政政策的一个组成部分，在中国经济中扮演着重要的角色。政府支出主要包括投资建设性支出和社会保障性支出两部分。投资建设性支出具有明显的需求侧调控特征，积极的投资刺激政策对生产资料行业的市场需求产生重要影响，有利于市场繁荣，熨平经济波动。"四万亿"投资刺激政策曾帮助中国经济迅速走出世界经济衰退的阴霾。但有学者指出，中央政府出台的经济政策有可能为保持 GDP 增速而间接导致资源配置的低效率（黄海杰等，2016），进而影响企业部门杠杆率。陆岷峰和葛和平（2016）认为政府大规模的投资刺激政策加速了产能重复建设，由于国内外有效需求不足，大量产能过剩企业无效占用信贷资源抬高了中国企业部门的负债率。娄飞鹏（2017）从多个维度分析了中国非金融企业部门高杠杆形成的原因，认为我国应对美国次贷危机采取的刺激计划是导致企业部门杠杆率上升的直接因素，而流动性充裕、银行提高效益的迫切愿望是非金融企业部门杠杆率上升的外部因素，投资欲望强烈的企业由于融资方式单一，加大了杠杆。总结上述观点不难发现，投资刺激政策对企业部门杠杆率的影响可以是资本方面的，也可以是通过影响资产配置间接作用于债务资本的。融资并形成债务，以及作为其镜像的投资是工业化社会正常运行的条件，中国较高的杠杆率与长期以来投资驱动增长模式密切相关，也与投资刺激政策下企业资产配置有关。但是由于现有文献中关于投资建设性支出对企业资产配置和债务融资行为影响的研究十分缺乏，继而无法准确判断投资刺激政策对企业杠杆率的影响机制。

另外，社会保障性支出的增加有利于提高居民收入，增强居民消费信心，抑制居民高储蓄行为，进而刺激居民消费。消费需求的上升会促进产业链下游企业对产品需求的增加，并将需求缺口传导到产业链上游企业，从而影响产业链上下游企业的资产和债务调整。吕炜等（2016）通过构建一般均衡模型探讨了社会保障性支出政策对国有企业和非国有企业杠杆率差异化的影响，研究发现在政府增加社会保障性支出时，集中于产业链下游的民营企业的负债率显著上升，而产业链上游国有企业的负债率涨幅较小。民营企业杠杆率上升能够促进民营企业投资需求增加，还能促进产业链上游国有企业产能利用率的提高，却不会造成国有企业负债率的大幅增长，由此本书建议企业部门"去杠杆"需要优化财政支出结构。从上述研究来看，社会保障性支出对企业负债率的影响同样取决于债务规模和资产配置效率两方面因素。

本章从宏观杠杆率的微观分解出发，以微观上市公司数据为基础，一方面，通过总量效应检验不同需求冲击下投资建设性支出与社会保障性支出对企业有息负债率与资产周转率的影响；另一方面，通过结构效应检验不同财政支出政策在企业资产周转率和有息负债率之间的传导机制。

第二节 需求冲击下投资建设性支出与社会保障性 支出政策对制造业企业负债率的影响

一 宏观与微观杠杆率的经验事实分析

2008 年国际金融危机后，中国非金融企业部门宏观杠杆率一直处于较高水平，控制和治理企业部门高杠杆率已经成为供给侧结构性改革的一项重要内容。衡量杠杆率的指标有很多，大体上可以分为宏观指标和微观指标两大类。宏观杠杆率一般采用经济体系中债务占 GDP 的比重来度量；而微观杠杆率一般采用债务占总资产的比重来衡量。值得注意的是，虽然 2008 年国际金融危机后企业宏观杠杆率呈现快速上升趋势，但微观杠杆率总体在下降。

从图 7-1 可以看出，2008 年之前非金融企业部门宏观杠杆率基本在 100% 左右，国际金融危机后非金融企业部门宏观杠杆率快速显著上升，在 2016 年达到最高值 158%。在"去杠杆"的大环境下，自 2016 年起中国非金融企业部门宏观杠杆率虽然微弱下降，但与其他国家或地区相比依然维持在较高水平（见图 7-2）。与此相反，非金融上市公司微观杠杆率自 2008 年以来是小幅下降的，而制造业上市公司微观杠杆率则是在 2015 年"去杠杆"政策实施后出现明显下降。总体来看，宏观杠杆率与微观杠杆率呈现背离趋势。

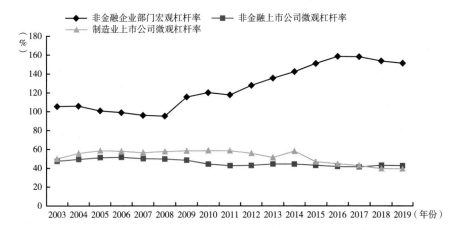

图 7-1　2003~2019 年企业宏观杠杆率与微观杠杆率的背离

资料来源：国家金融与发展实验室。

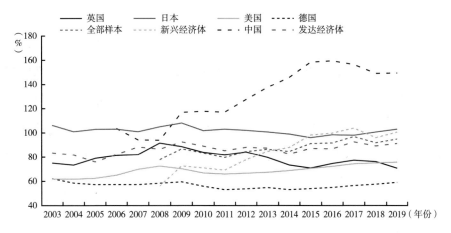

图 7-2　2003~2019 年非金融企业部门宏观杠杆率国际比较

资料来源：IIF Global Debt Statistics。

但是，微观杠杆率的下降并不意味着企业债务规模在缩减。如图7-3所示，以规模以上工业企业为例，企业微观杠杆率虽然是下降的，但负债总额是持续上升的。企业资产的增速高于债务的增速才是企业微观杠杆率下降的直接原因。因此，对于企业杠杆问题的研究不仅仅需要关注债务规模，还需要考虑资产配置问题。

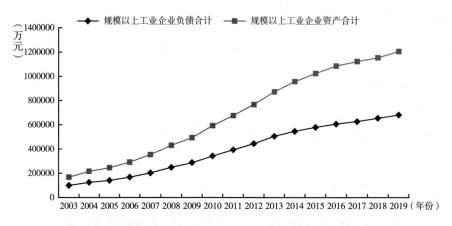

图 7-3　2003~2019 年工业企业负债与资产

二　宏观杠杆率的微观分解

企业部门杠杆率的计算采用的是宏观数据。若要研究宏观高杠杆率形成的机制，必须从微观企业的行为入手，分析宏观杠杆率与企业微观杠杆率的关联机制。如前文所述，宏观层面企业杠杆率为债务与GDP之比，而微观层面企业杠杆率的衡量指标一般为债务与总资产之比，根据式（7-1）将宏观杠杆率进行微观分解。

$$\frac{债务}{GDP} = \frac{债务}{总资产} \times \frac{总资产}{营业收入} \times \frac{营业收入}{GDP} \qquad (7-1)$$

其中，"债务/总资产"相当于微观企业的有息负债率，因为微观企业的付息性债务与宏观意义上的债务更有可比性。"总资产/营业收入"的倒数相当于企业资产周转率，而"营业收入/GDP"的倒数可以认为是增加值率。因此，式（7－1）可以被转换为如下形式：

$$\frac{债务}{GDP} = 有息负债率 \times \frac{1}{资产周转率} \times \frac{1}{增加值率} \qquad (7-2)$$

由于增加值率用于衡量每一单位营业收入计入 GDP 中的值，并没有特别的经济含义，因此可以认为企业部门宏观杠杆率是由微观企业有息负债率和资产周转率决定的，资产周转率作为经济效益的重要指标，是连接宏观与微观杠杆的纽带。根据前文经验事实分析的结果，微观企业杠杆率总体上是下降的，那么宏观企业部门杠杆率的升高很可能与企业资产周转率下降有关。如图 7-4 所示，2003～2008 年，制造业上市公司总资产周转率显著上升，2009 年后基本呈现下降的趋势。这表明 2009 年后，制造业上市公司不断增长的资产并没有创造出同步增长的收入，企业资产周转率下滑。

三　理论分析与研究假设

长期以来，中国经济呈现明显的投资驱动特征，投资成为拉动经济增长的主要需求动力。投资刺激政策作为政府调控经济的重要手段，对企业部门资产配置及杠杆率的作用明显。扩张的投资建设性支出可以通过以下途径改变企业资产配置和债务融资行为。第一，通过对特定产业和项目的直接投资改变企业的资产配置和信贷资金需求。第二，通过产业政策，鼓励企业对资产数量和质量进行调整，进而影响企业债务融资水平。第三，通过公共投资带动相关产业的需求，从而改变其投融资决策。

投资刺激政策可以通过各种措施影响企业的资产配置和债务融

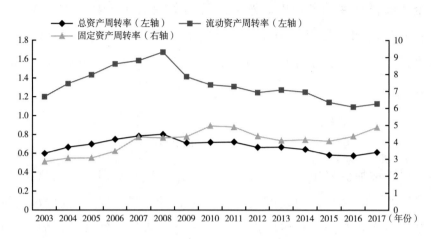

图 7-4　2003~2017 年制造业上市公司资产周转率变动趋势

资决策，但是在不同需求冲击下，其作用效果具有差异性。在市场需求繁荣高涨阶段，盈利改善的乐观预期及投资刺激政策形成的巨大需求缺口，一方面，在短期内激励企业继续扩大负债规模以优化资产配置获取更大收益；另一方面，也会使部分企业滋生非理性的乐观预期，通过过度负债进行投资，形成过度资产沉淀，导致资产运营效率下降。而当市场需求萎缩时，政府出台的投资刺激政策固然会拉动市场需求和增强投资意愿，但由于投资机会往往不甚理想，资产质量极易受影响，从而导致企业偿债能力下降。因此，本章提出以下假设。

H1：在正向需求冲击下，积极的投资建设性支出政策对资产周转率没有显著影响；在负向需求冲击下，积极的投资建设性支出政策将导致微观企业资产周转率下降。积极的投资建设性支出政策会推升微观企业的负债率。

随着中国经济由高速增长向中高速增长过渡，传统以出口劳动密集型产品以及投资驱动为导向的粗放型经济发展方式已难以持续，中国经济增长已经在逐步发生动力转换，趋势之一就是消费对经济增长的促进贡献不断加大。积极的社会保障性支出政策有利于减少"医疗、教育与住房"对消费的挤出效应，让居民"能消费，敢消费，愿意消费"，是政府刺激消费的重要手段。消费需求的扩张会显著刺激企业增加负债来扩大生产规模。但与投资刺激政策不同的是，积极的社会保障性支出政策是从最终需求出发，通过需求牵引供给对整个产业链上下游企业的资产配置产生协调促进作用。同时，消费刺激政策有利于引导厂商的市场预期，在需求萎缩期能够有效调整厂商行为对市场的反应函数。因此，本章提出以下假设。

H2：在需求冲击下，积极的社会保障性支出政策在推高微观企业负债率的同时会促进企业资产周转率的提高。

上述假设所阐述的都是关于微观企业主体资产配置和债务融资行为向宏观杠杆传导的加总效应机制，即当需求冲击下投资刺激与消费刺激政策导致微观企业负债率和资产周转率发生普遍性的变化时，那么加总后得到的宏观数据也会产生相应的变化。除了加总传导效应外，在这个过程中可能还存在着结构效应机制，这一传导机制与企业部门内部的结构调整有关。资产周转率是衡量一个企业经营效率的重要指标，良好的经营效率是企业赢利的前提，资产周转率越高的企业，其内部资金也就越充裕。积极的财政政策下资金周转率较高的企业可以有效控制其负债率，而资产周转率较低的企业的负债率将会提高。因此，本章提出以下假设。

H3：总体来看，资产周转率与负债率负相关。积极的社会保障性支出政策将通过提高资产周转率控制企业负债水平，而积极的投资建设性支出政策由于不能促进资产周转率的提高会导致企业负债率上升。

四　模型设计与变量定义

（1）模型设计

本章基于微观加总的视角研究微观资产配置和负债行为向宏观现象的传递。首先，考察不同需求冲击下，投资建设性支出政策和社会保障性支出政策对有息负债率的影响，建立以下计量模型：

$$L_{it} = \alpha_0 + \alpha_1 Gi_{it} + \alpha_2 Gi_{it} \times I_{it} + \alpha_3 \sum Controls_{i,t-1} + \varepsilon_{it} \quad (7-3)$$

$$L_{it} = \beta_0 + \beta_1 Gs_{it} + \beta_2 Gs_{it} \times I_{it} + \beta_3 \sum Controls_{i,t-1} + \varepsilon_{it} \quad (7-4)$$

其中，L 表示有息负债率，Gi 表示投资建设性支出，$Gi \times I$ 为投资建设性支出与需求冲击虚拟变量的交互项，Gs 表示社会保障性支出，$Gs \times I$ 为社会保障性支出与需求冲击虚拟变量的交互项。$Controls$ 表示控制变量，包括企业独特性 $Unit$、赢利能力 $Profit$、债务担保能力 $Fata$、现金流 $Cash$、管理费用率 Exp，以及年份和行业虚拟变量。ε 为随机扰动项。

其次，为了探索不同需求冲击下，投资建设性支出和社会保障性支出对资产周转率的影响，建立以下计量模型：

$$AT_{it} = \alpha_0 + \alpha_1 Gi_{it} + \alpha_2 Gi_{it} \times I_{it} + \alpha_3 \sum Controls_{i,t-1} + \varepsilon_{it} \quad (7-5)$$

$$AT_{it} = \beta_0 + \beta_1 Gs_{it} + \beta_2 Gs_{it} \times I_{it} + \beta_3 \sum Controls_{i,t-1} + \varepsilon_{it} \quad (7-6)$$

其中，AT 表示资产周转率，控制变量 $Controls$ 包括赢利能力 $Profit$、债务担保能力 $Fata$，以及年份和行业虚拟变量，其他变量与前文定义相同。

除了总量效应机制外，微观主体行为传递到宏观现象还有另一种机制，即结构效应机制。为了揭示企业资产周转率与其负债率之间的关系以及不同财政政策在负债率形成过程中的结构效应机制，建立以下计量模型：

$$L_{it} = \alpha_0 + \alpha_1 Gi_{it} + \alpha_2 AT_{it} + \alpha_3 Gi_{it} \times AT_{it} + \alpha_4 \sum Controls_{i,t-1} + \varepsilon_{it} \qquad (7-7)$$

$$L_{it} = \beta_0 + \beta_1 Gs_{it} + \beta_2 AT_{it} + \beta_3 Gs_{it} \times AT_{it} + \beta_4 \sum Controls_{i,t-1} + \varepsilon_{it} \qquad (7-8)$$

其中，$Gi \times AT$ 和 $Gs \times AT$ 分别为投资建设性支出和社会保障性支出与企业资产周转率的交互项，其他变量与前文定义相同。

（2）变量定义

有息负债率（L）。如本章前文所述，企业的有息负债率是宏观企业部门杠杆率的微观映照，是衡量债务风险的重要财务指标，能够反映微观经济主体的还款能力。本章将着重分析不同财政支出对企业有息负债率的影响。其中，有息负债率＝（短期借款＋交易性金融负债＋一年内到期的非流动负债＋长期借款＋应付债券）/总资产。

资产周转率（AT）。资产周转率等于"营业收入/总资产"，是用于衡量企业资产运营效率的重要指标。

需求冲击（I）。延续前文以营业收入增长率作为需求冲击代理指标的思路，本部分借鉴孙巍和董文字（2019）对需求冲击的划分标准，结合营业收入增长率和净利润两方面信息更加全面地对需求冲击情况进一步细化，最终根据表7-1的标准设置需求冲击虚拟变量。

表 7-1　需求冲击划分方法

需求冲击初步划分	需求冲击细分	细分标准
正向需求冲击 （营业收入增长率≥0）	剧烈正向需求冲击	营业收入增长率≥0;净利润增长率≥0
	温和正向需求冲击	营业收入增长率≥0;净利润增长率<0
负向需求冲击 （营业收入增长率<0）	负向需求冲击	营业收入增长率<0

　　财政政策（G）。本书从投资建设性支出与社会保障性支出两个角度考察财政政策的影响。政府投资建设性支出（Gi）采用"资金来源为国家预算内资金的固定资产投资增长率"来衡量，反映了政府投资刺激政策。政府社会保障性支出（Gs）使用"国家财政社会保障和就业、医疗卫生支出增长率"来衡量，其实质是提高居民收入的消费刺激政策。在数据选择方面，投资建设性支出变量的数据区间为 2004～2017 年。由于数据限制，社会保障性支出变量的数据区间为 2006～2017 年。此外，本章以 2003 年居民消费价格指数（CPI）为基数，对固定资产投资和相关保障性支出进行平减后得到实际值。本章变量描述见表 7-2。

表 7-2　变量描述

变量符号	变量名称	变量说明
L	有息负债率	（短期借款+交易性金融负债+一年内到期的非流动负债+长期借款+应付债券）/总资产
AT	资产周转率	营业收入/总资产
Gi	投资建设性支出	资金来源为国家预算内资金的固定资产投资增长率
Gs	社会保障性支出	国家财政社会保障和就业、医疗卫生支出增长率
I	需求冲击	
$I1$	剧烈正向需求冲击	$I1=1$ 表示剧烈正向需求冲击，$I1=0$ 表示其他
$I2$	温和正向需求冲击	$I2=1$ 表示温和正向需求冲击，$I2=0$ 表示其他
$Profit$	赢利能力	净利润/总资产
$Cash$	现金流	企业经营活动产生的现金流/总资产
$Fata$	债务担保能力	固定资产净额/总资产
$Unit$	企业独特性	销售费用/营业收入
Exp	管理费用率	管理费用/总资产
$Industry$	行业虚拟变量	按照中国证监会 2012 年修订的 C13~C43 制造业行业分类标准设定虚拟变量
$Year$	年份虚拟变量	按照年份 2004～2017 年设定了 13 个虚拟变量

五　数据说明与描述性统计

本章选取沪深两市 A 股制造业上市公司作为研究样本进行实证研究，利用以下标准对样本进行筛选：①剔除观测数据小于连续两年的公司；②剔除主要变量缺失和出现异常的公司。由于模型中添加了变量滞后项，最终回归使用的企业为 1079 家，其中针对投资建设性支出研究的共计 10301 个观测样本，针对社会保障性支出研究的共计 8114 个观测样本。为了避免离群值的影响，对所有连续型变量进行上下 1% 的缩尾处理。样本企业的财务数据全部来自国泰安（CSMAR）数据库，宏观数据主要来自国家统计局公布的相关统计资料。

表 7-3 报告了主要回归变量的描述性统计结果，其中变量的最小值和最大值均是未经过缩尾处理的结果。从均值和标准差来看，投资建设性支出的均值和标准差分别为 0.1945 和 0.1427，说明政府对投资建设性支出的调控力度较大，投资建设性支出的波动性较强。而社会保障性支出的均值和标准差分别为 0.1399 和 0.0534，说明政府的社会保障性支出相对稳定。

表 7-3　变量描述性统计结果

变量	样本数（个）	均值	标准差	Q1	中位数	Q3	最小值	最大值
L	10301	0.2312	0.1753	0.0828	0.2155	0.3504	0	7.8958
AT	10301	0.7338	0.4504	0.4339	0.6318	0.9049	0	8.7869
Gi	10301	0.1945	0.1427	0.1080	0.1480	0.2537	-0.0070	0.6060
Gs	8114	0.1399	0.0534	0.1020	0.1191	0.2097	0.0727	0.2267
$Unit$	10301	0.0673	0.0745	0.0229	0.0429	0.0795	0	7.0015
$Profit$	10301	0.0243	0.0725	0.0067	0.0259	0.0561	-3.994	10.4009
$Fata$	10301	0.2881	0.1589	0.1631	0.2605	0.3941	-0.2063	0.8491
$Cash$	10301	0.0461	0.0731	0.0056	0.0439	0.0870	-1.9377	1.1273
Exp	10301	0.0522	0.0305	0.0311	0.0461	0.0662	0.0087	0.1774

第三节　实证研究结果与分析

一　需求冲击下不同财政政策对有息负债率影响的实证结果

根据 Hausman 检验的结果确认使用固定效应模型进行回归分析。表 7-4 列示的是企业有息负债率对需求冲击下不同财政政策反应的回归结果。在不考虑需求冲击时，投资建设性支出与社会保障性支出的回归系数分别为 0.2480 和 0.3242，说明总体上投资建设性支出与社会保障性支出对微观企业有息负债率具有正向影响，积极的财政政策将推高企业负债率。在引入需求冲击后，相较于剧烈正向需求冲击，在负向需求冲击下投资建设性支出与社会保障性支出的回归系数更大，说明财政扩张政策对市场需求收缩期企业微观杠杆的推升作用更强。上述结果验证了 H1 和 H2 中财政政策与负债率正相关的假设。

表 7-4　需求冲击下不同财政政策对有息负债率的影响机制

变量	投资建设性支出		变量	社会保障性支出	
	FE(1)	FE(2)		FE(3)	FE(4)
$Gi×I1$		−0.0984*** (−7.69)	$Gs×I1$		−0.1334*** (−5.77)
$Gi×I2$		−0.0040 (−0.30)	$Gs×I2$		0.0304 (1.22)
Gi	0.2480*** (8.69)	0.2999*** (9.31)	Gs	0.3242*** (7.00)	0.4199*** (7.87)
$Unit$	−0.1080* (−1.76)	−0.0932 (−1.51)	$Unit$	−0.0571 (−0.90)	−0.0372 (−0.59)
$Profit$	−0.4571*** (−13.49)	−0.4709*** (−13.77)	$Profit$	−0.3618*** (−11.19)	−0.3922*** (−11.85)

续表

变量	投资建设性支出		变量	社会保障性支出	
	FE(1)	FE(2)		FE(3)	FE(4)
Fata	0.0783*** (2.99)	0.0769*** (2.92)	*Fata*	0.0450 (1.62)	0.0447 (1.60)
Cash	−0.1924*** (−8.55)	−0.1864*** (−8.31)	*Cash*	−0.1559*** (−6.67)	−0.1503*** (−6.40)
Exp	−0.9133*** (−8.66)	−0.9049*** (−8.62)	*Exp*	−1.1522*** (−8.80)	−1.1336*** (−8.69)
截距项	0.2491*** (4.20)	0.2485*** (4.27)	截距项	0.2514*** (6.15)	0.2502*** (6.31)
Industry	已控制	已控制	*Industry*	已控制	已控制
Year	已控制	已控制	*Year*	已控制	已控制
R^2	0.1454	0.1552	R^2	0.1328	0.1428
F 检验		$Gi+Gi×I1=0$ (51.49***) $Gi+Gi×I2=0$ (102.41***)	F 检验		$Gs+Gs×I1=0$ (39.35***) $Gs+Gs×I2=0$ (81.97***)
观测值(个)	10301	10301	观测值(个)	8114	8114

注：* 和 *** 分别表示在 10% 和 1% 的水平下显著；F 检验对应的是 F 值；其余括号内为 t 值。

二　需求冲击下不同财政政策对资产周转率影响的实证结果

表 7-5 列示的是需求冲击下财政政策对企业资产周转率的回归结果。在不考虑需求冲击时，投资建设性支出的回归系数为 −0.0370，在 10% 的水平下不显著，表明投资刺激政策并不会显著提高企业资产周转率（资产运营效率）。而社会保障性支出的回归系数为 0.7690，并且在 1% 的水平下显著，说明政府扩大社会保障性支

出对企业资产周转率的提高具有显著促进作用。在引入需求冲击虚拟变量后发现，在正向需求冲击下，投资建设性支出的回归系数均为正，但 F 检验不显著，说明在正向需求冲击下投资建设性支出增加不会显著提高资产运营效率。而在负向需求冲击下，投资建设性支出的回归系数为 -0.2981，在 1% 的水平下显著，说明在需求扩张期投资刺激政策不会显著提高企业资产运营效率，而在需求收缩期政府积极的投资建设性支出政策会恶化企业资产运营效率，即假设 H1（前半部分）得到验证。在不同需求冲击下，社会保障性支出的回归系数都显著为正，说明增加社会保障性支出有利于提高企业资产周转率，假设 H2（后半部分）得到验证。

表 7-5 需求冲击下不同财政政策对资产周转率的影响机制

变量	投资建设性支出		变量	社会保障性支出	
	FE(1)	FE(2)		FE(3)	FE(4)
$Gi×I1$		0.3674 ***	$Gs×I1$		0.7514 ***
		(14.86)			(15.57)
$Gi×I2$		0.2279 ***	$Gs×I2$		0.5384 ***
		(8.17)			(10.02)
Gi	-0.0370	-0.2981 ***	Gs	0.7690 ***	0.1272 ***
	(-0.55)	(-4.24)		(6.58)	(4.75)
$Profit$	0.4910 ***	0.4892 ***	$Profit$	0.3130 ***	0.3406 ***
	(7.13)	(7.03)		(4.44)	(4.62)
$Fata$	0.1877 ***	0.1927 ****	$Fata$	0.1749 ***	0.1800 ***
	(3.33)	(3.43)		(2.94)	(3.07)
截距项	0.8009 ***	0.7978 ***	截距项	0.7002 ***	0.6958 ***
	(7.30)	(7.68)		(5.49)	(5.94)
$Industry$	已控制	已控制	$Industry$	已控制	已控制
$Year$	已控制	已控制	$Year$	已控制	已控制
R^2	0.0972	0.1202	R^2	0.1049	0.1395

变量	投资建设性支出		变量	社会保障性支出	
	FE（1）	FE（2）		FE（3）	FE（4）
F 检验		$Gi+Gi×I1=0$ （1.07） $Gi+Gi×I2=0$ （1.01）	F 检验		$Gs+Gs×I1=0$ （58.70***） $Gs+Gs×I2=0$ （26.80***）
观测值（个）	10301	10301	观测值（个）	8114	8114

注：*** 表示在 1% 的水平下显著；F 检验对应的是 F 值；其余括号内为 t 值。

综合假设 H1 和 H2 的验证结果，政府积极的投资建设性支出会推升微观企业负债率，如果需求收缩期采用过度的投资刺激政策，企业有息负债率普遍性上升将导致加总后的企业部门负债率上升；同时，由于需求收缩期企业资产周转率普遍性下滑，导致加总后的企业部门资产周转率下滑。二者相互叠加，导致了企业部门宏观杠杆率的上升。结合我国经济发展的特征事实来看，2008 年国际金融危机后国内外需求大幅萎缩叠加"四万亿"投资刺激政策的冲击，企业资产周转率的大幅下降是不争的事实，出现了产能过剩和企业部门高杠杆率等一系列问题。因此，2008 年国际金融危机至今，市场需求下滑和大规模投资刺激政策，一方面阻碍了企业的"去杠杆"进程，另一方面大幅降低了企业资产周转的速度，这是我国企业部门宏观杠杆率快速上升的重要原因。而积极的社会保障性支出政策虽然会导致企业有息负债率上升，但由于社会保障性支出是从最终需求出发，将有效扩大产业链上下游企业的需求，进而协调推进整个产业链的资产配置，显著提高企业资产周转率。因此，在负向需求冲击下，通过扩大社会保障性支出刺激消费需求和经济增长，并不一定会推升宏观杠杆率，如果产业资产配置合理，甚至可以达到抑制宏观杠杆率攀升的作用。

三 不同财政政策下资产周转率对有息负债率影响的实证结果

表 7-6 列示了不同财政政策下资产周转率对有息负债率影响的估计结果，旨在验证微观企业主体行为向宏观现象的传导结构效应机制。

表 7-6 不同财政政策下资产周转率对有息负债率的影响机制

变量	投资建设性支出		变量	社会保障性支出	
	FE(1)	FE(2)		FE(3)	FE(4)
Gi	0.2453 ***	0.2722 ***	*Gs*	0.3676 ***	0.4294 ***
	(8.63)	(8.96)		(7.83)	(8.84)
AT	-0.0633 ***	-0.0585 ***	*AT*	-0.0604 ***	-0.0485 ***
	(-6.17)	(-5.29)		(-5.44)	(-5.80)
Gi×AT		-0.0292 *	*Gs×AT*		-0.0821 *
		(-1.73)			(-1.77)
Unit	-0.1400 **	-0.1169 **	*Unit*	-0.0795	-0.0775 *
	(-2.35)	(-2.02)		(-1.27)	(-1.93)
Profit	-0.4209 ***	-0.4228 ***	*Profit*	-0.3412 ***	-0.3422 ***
	(-12.22)	(-12.34)		(-10.31)	(-16.21)
Fata	0.0874 ***	0.1003 ***	*Fata*	0.0535 *	0.0543 ***
	(3.36)	(3.81)		(1.93)	(3.78)
Cash	-0.1810 ***	-0.1783 ***	*Cash*	-0.1516 ***	-0.1518 ***
	(-8.01)	(-7.88)		(-6.42)	(-8.06)
Exp	-0.8106 ***	-0.8118 ***	*Exp*	-1.0426 ***	-1.0470 ***
	(-7.69)	(-7.22)		(-7.80)	(-15.05)
截距项	0.2976 ***	0.2614 ***	截距项	0.2909 ***	0.2823 ***
	(5.02)	(21.52)		(7.79)	(12.37)
Industry	已控制	已控制	*Industry*	已控制	已控制
Year	已控制	已控制	*Year*	已控制	已控制
R^2	0.1440	0.1523	R^2	0.1507	0.1511
观测值(个)	10301	10301	观测值(个)	8114	8114

注：* 、** 和 *** 分别表示在 10%、5% 和 1% 的水平下显著；括号内为 t 值。

从回归结果来看，有息负债率与投资建设性支出、社会保障性支出均显著正相关。而有息负债率与资产周转率均显著负相关，说明资产经营效率越高的企业盈利越多，对外源性债务融资的依赖越低。在加入财政支出与资产周转率的交互项后，交互项的回归系数均显著为负，这意味着在积极的投资建设性支出和社会保障性支出政策下，资产周转率越高的企业，其有息负债率越低；资产周转率越低的企业，其有息负债率越高。因此，在遭遇负向需求冲击，政府需要通过财政支出扩张的方式刺激经济时，社会保障性支出政策可以合理配置资产、有效提高企业资产周转率，将有助于合理控制企业杠杆，假设 H3 得到验证。

第四节　本章小结

党的十九大报告提出的使"市场在资源配置中起决定性作用，更好发挥政府作用"意味着，随着中国经济市场化进程的推进，政府与市场的关系已逐步厘清。在尊重市场运行规律的基础上，如果政府对自身的定位准确清晰，有效的政府政策可以弥补市场调节有效性的不足，优化资产配置。前面的章节系统地探讨了需求冲击下企业债务融资行为的市场调节机制，本章综合考虑市场需求与政府财政政策因素，探讨了不同需求冲击下，投资建设性支出和社会保障性支出对企业负债的影响。

第一，本章将企业部门宏观杠杆率指标进行微观分解后发现，有息负债率和资产周转率均是影响企业部门宏观杠杆率的主要因素。在对宏观数据进行统计分析后发现，近年来制造业企业的负债率并没有大幅调整，而资产周转率却出现了显著下滑。由此推断，在微观企业负债率变动幅度较小的背景下，资产运营效率下降可能是我国宏观杠杆率不断攀升的重要原因。

第二，在理论分析的基础上，本章基于制造业上市公司数据，分别建立了需求冲击下不同财政政策对企业有息负债率和资产周转率影响机制的模型，以及不同财政政策下资产周转率影响企业有息负债率的模型，并采用面板固定效应模型对上述模型进行实证检验。需求冲击-财政政策-有息负债率模型的实证结果显示，在剧烈正向需求冲击和负向需求冲击下，企业有息负债率与投资建设性支出、社会保障性支出均显著正相关，这意味着在剧烈正向需求冲击和负向需求冲击下，无论是采用投资刺激政策还是消费刺激政策，都会导致企业负债率显著上升。但是在负向需求冲击下投资建设性支出和社会保障性支出增加对有息负债率的推升作用远高于在剧烈正向需求冲击下的情况。

第三，需求冲击-财政政策-资产周转率模型的实证结果显示，在正向需求冲击下，企业投资建设性支出与资产周转率不相关；而在负向需求冲击下，二者显著负相关。这意味着投资刺激政策不但无法优化企业资产配置，而且在负向需求冲击下，投资建设性支出扩大会显著降低企业资产运营效率。与此相反，社会保障性支出在不同需求冲击下均显著正向影响企业资产周转率，说明消费刺激政策有利于引导企业优化资产配置，提高资产质量，使企业资产运营效率显著上升。

第四，从财政政策-资产周转率-有息负债率模型的实证结果来看，在负向需求冲击下，如果采取积极投资建设性支出政策将降低企业资产周转率，进而导致有息负债率上升。而扩大社会保障性支出，将有效提高企业资产周转率，进而降低微观企业有息负债率。这意味着在负向需求冲击下，社会保障性支出扩大，不但能够刺激居民消费、促进经济增长，还可以抑制企业部门杠杆率的上升。

　　后疫情时代，在市场需求触底反弹期，财政政策选择对"稳经济"与"稳杠杆"目标的实现具有重要意义。本章研究发现，相较于增加投资建设性支出，增加社会保障性支出更有利于制造业企业合理配置资产，进而降低负债率。因此，优化财政支出结构，增加社会保障性支出，更有利于在合理控制负债率的前提下推动制造业的复苏。

第八章　研究结论与思考

企业微观行为与产品市场需求有着密切的联系，在经营过程中必须时刻考虑市场需求变化的影响，并积极做出调整。同时，政府政策的制定和实施要以微观企业的市场行为为落脚点，只有充分尊重市场规律才能更好地发挥出政府政策调控的效果。因此，本书从市场机制出发，通过理论分析和实证研究相结合的方法，探索了需求冲击下企业债务融资的市场调节机制，并针对制造业产能过剩与负债过高并存的现实问题，对资产配置和债务融资行为之间的关系进行了深入的探讨和分析。综合考虑市场需求与政府财政政策，探索在需求冲击下不同财政支出对企业负债率的影响机制。本书主要研究结论及思考包括以下几个方面。

第一节　研究结论

第一，本书结合历史回顾和描述性统计分析，对市场机制下制造业资产配置调整对债务融资行为的影响进行了理论阐述和统计分析，为后续实证研究奠定了坚实的基础。

首先，对影响制造业资产配置和债务融资行为的市场需求因素进行了分析，并对制造业资产配置与债务融资市场传导机制进行了理论分析。具体包括，阐释了市场机制下资产过度进入与过剩资产形成的微观机制。在此基础上分析了市场机制下，资产配置调整对债务融资行为的影响。基于上述理论分析发现，在市场需求快速上升期，决策者的非理性预期偏差以及信息不确定条件下的一致性预期对资产的进入产生了强烈的诱导作用，负债自身的节税收益以及负债投资的收入效应增加激励了企业债务扩张行为；在市场需求收缩阶段，投资不可逆性和资产专用性阻碍了产能退出，投资下滑和产能利用率下降所导致的收入效应迅速减退抑制了存量债务的退出。市场需求与债务融资之间存在显著的U形关系，这源于市场机制下资产配置调整对企业债务融资"进入"与"退出"的差异化影响，具体表现为对债务资金"进入"的促进作用和"退出"的抑制作用。

其次，本书选取 2004～2019 年制造业上市公司样本数据，基于企业财务数据构建了反映需求冲击的代理指标，通过与行业景气程度指标变动趋势对比确定了本书指标构建的合理性。在此基础上，观察需求冲击下企业负债水平的变动趋势后发现，制造业企业资产负债率与需求冲击之间存在显著的U形关系，净新增负债与需求冲击之间则表现为同向变动关系。这说明在剧烈正向需求冲击下，制造业企业的确存在债务扩张行为；但是在负向需求冲击下，企业整体负债水平的上升可能是存量债务清偿困难所导致的被动增加。对比分析不同需求冲击下投资及产能利用率与债务融资行为之间的变动趋势发现：在剧烈正向需求冲击下新增固定资产投资与资产负债率同步上升，而在负向需求冲击下新增固定资产投资与资产负债率反向变动，投资下降但负债上升，这意味着投资支出与企业债务融资水平之间存在非线性关系；企业产能利用率与资产负债率负相关。

第二，为了进一步揭示需求冲击下制造业企业债务融资行为的市场调节机制，本书基于 2004～2019 年 1251 家 A 股制造业上市公司共计 12048 个观测样本，构建了反映市场需求量信号、市场价格信号以及需求冲击的代理指标，建立了反映企业总量及增量负债水平的双方程，采用动态面板系统 GMM 方法以及静态面板固定效应模型实证检验了需求量和价格信号对不同需求冲击下企业整体和净新增负债水平的影响。

首先，企业整体负债水平和净新增负债水平方程的实证结果显示，在剧烈正向需求冲击下，需求量信号对企业整体负债水平和净新增负债水平均产生显著的正向影响，说明在剧烈正向需求冲击下，积极的市场信号激发了企业主动举债的热情，外部信贷资金的涌入导致企业总量及增量负债水平同步上升。

其次，在温和正向需求冲击下，需求量和价格信号对企业整体及净新增负债水平均不存在显著影响。其原因可能在于，在市场需求温和上升的阶段，负债融资的税盾收益没有超出负债的破产成本，企业缺少向上调整债务融资的动力，这也意味着市场机制对债务融资"进入"的诱导作用是在需求上升到一定程度时才会发生的。另外，预期未来市场需求进一步收缩的企业，为了控制风险选择降低负债水平。

最后，在负向需求冲击下，需求量和价格信号对企业净新增负债水平没有显著影响，这意味着信贷资金并没有明显的流入或流出迹象。而企业整体负债水平的结果却显示，需求量和价格信号对负向需求冲击下企业整体负债水平均产生显著的负向作用，这说明在负向需求冲击下企业整体负债水平的上升并不是因为现金流短缺导致企业主动增加债务的结果，而是因为企业陷入财务困境后，对存量债务清偿困难，债务违约概率上升导致企业债务被动增加。

以上结果说明，市场机制对于剧烈正向需求冲击下债务融资"进入"的诱导作用是有效的，对负向需求冲击下的债务清偿或"退出"的引导作用却存在"失灵"现象，市场机制对债务资金"进入"和"退出"的调节作用具有显著的非对称性。可以认为微观企业负债水平的调整是在市场需求量和价格信号影响下，伴随着投资活动过程中的主动调整以及企业自身特征因素改变时的被动调整共同完成的。

第三，考虑到全球经济下行压力加大和国内外需求萎缩冲击的现实情况，在对需求冲击下制造业负债行为实证研究的基础上，本书基于前文构建的需求冲击指标定义了需求冲击持续期变量，运用固定效应模型实证检验了不同持续期的正向和负向需求冲击对企业债务融资行为的影响。

首先，从需求冲击对企业整体负债水平影响模型的回归结果来看，正向需求冲击的回归系数显著为正，但 F 检验结果显示在正向需求冲击至少持续三期的情形下，正向需求冲击对企业整体负债水平的诱导作用逐渐弱化。

其次，负向需求冲击持续期为一期时，企业不会立即调整负债水平。在持续二期及至少持续三期时，负向需求冲击的回归系数均在 5% 的水平下显著为负，但至少持续三期的回归系数是持续二期回归系数的 1.9 倍。上述结果表明在短期负向需求冲击下，企业更倾向于保持原有负债水平等待更加明确的市场信号；而一旦负向需求冲击的持续期较长时，企业整体负债水平会明显受到负向需求冲击的影响，且持续期越长，企业整体负债水平上升的趋势越明显。

最后，进一步将企业负债分解为融资性负债和经营性负债后发现，在负向需求冲击持续一期时，融资性负债增加而经营性负债减少；在负向需求冲击持续二期时，融资性负债减少但经营性负债增加；在负向需求冲击至少持续三期时，虽然回归系数不显著，但符号关系仍然没有改变。这说明融资性负债和经营性负债之间存在着"替代效应"，但是随着负向需求冲击持续期的增加，市场机制对融资性负债及经营性负债的调节作用逐渐失效，二者之间的"替代效应"也逐渐减弱。

第四，出于对中国制造业产能过剩与债务过高共存的现实问题的思考，在理论分析的基础上，本书构建了反映资产规模变动与资产利用效率的双重资产配置指标，建立了新增投资与负债和产能利用率与负债的双方程，采用固定效应模型研究了不同需求冲击下新增投资与产能利用率对企业债务融资的作用机制，探索了市场机制下企业资产配置和债务融资行为的规律。

实证结果表明，在剧烈正向需求冲击下，新增投资与负债水平显著正相关；在温和正向需求冲击下，新增投资与负债水平之间不存在显著关系；而在负向需求冲击下，新增投资与负债水平之间显著负相关。此外，在正向需求冲击下企业负债水平与产能利用率显著负相关，但是在负向需求冲击下产能利用率下降对债务融资清偿的抑制作用显著高于在剧烈正向需求冲击下产能利用率上升对债务清偿的引导作用。

综合来看，剧烈正向需求冲击促使企业通过不断提高产能利用率提升赢利能力和经营绩效，短期内公司内源性融资能力增强使得自有现金对债务融资进行了替代，降低了企业负债水平。但是，一旦企业存量产能无法满足日益增长的需求时，产能扩张便是企业的必然选择。因此，在剧烈正向需求冲击下，一方面，投资支出上升导致企业对债务资金的需求增加；另一方面，投资收入效应提升了企业负债能力和负债意愿，最终导致投资增加对债务融资表现出显著的促进和诱导作用。可以认为，无论处于何种行业、时间、政策和经济环境下，企业一旦受到剧烈正向需求冲击，就会出现由"投资潮涌"引起的债务扩张现象。在负向需求冲击下，投资下滑所导致的收入效应减退以及存量资产利用效率低下导致的产出下降都会严重影响企业的赢利能力和偿债能力，恶化企业现金流，财务风险上升会激励企业通过供应商或客户提供的商业信用、展期、借新还旧等方式保持存量负债规模以防御市场继续下行的风险。企业负债水平随需求冲击变化呈现 U 形演化趋势，这源于不同需求冲击下，资产配置对企业负债的差异化影响机制，具体表现为对债务资金"进入"的促进作用和"退出"的抑制作用。

第五，在深入分析了企业债务融资行为的市场机制后，本书综合考虑了市场与政府财政政策两方面因素，实证检验了不同需求冲击下，投资建设性支出和社会保障性支出对企业负债的影响机制。

首先，本书建立了需求冲击下不同财政政策对企业有息负债率的影响机制模型。实证结果显示，在剧烈正向需求冲击和负向需求冲击下，投资建设性支出与社会保障性支出扩大都会推升企业有息负债率，但是相较于剧烈正向需求冲击，在负向需求冲击下积极的财政政策对企业有息负债率的推升作用更强。

其次，建立了需求冲击下不同财政政策对企业资产周转率的影响机制模型。实证结果表明，在正向需求冲击下，投资建设性支出扩大没有提高企业资产周转率；但在负向需求冲击下，投资建设性支出与企业资产周转率显著负相关。这意味着使用投资刺激政策将显著恶化企业资产运营效率。与此相反，在不同需求冲击下，社会保障性支出扩大都有利于企业提高资产周转率。

最后，建立了不同财政政策下资产周转率对有息负债率的影响机制模型。实证结果显示，投资建设性支出和社会保障性支出与资产周转率交互项的系数均显著为负。这意味着在负向需求冲击下，由于增加投资建设性支出降低了企业资产周转率，资产周转率下降将进一步抬高企业有息负债率。与此相反，增加社会保障性支出有利于提高企业资产运营效率。在需求收缩期，积极的社会保障性支出政策可以通过提高企业资产质量降低微观企业有息负债率。这也意味着在负向需求冲击下，通过扩大社会保障性支出方式，不但能够刺激消费，促进经济增长，还可以抑制企业负债率的上升。

第二节　关于优化企业融资行为的政策性思考

无论是从理论还是从实证来看，市场机制对企业债务融资行为的调整都具有决定性作用。市场对债务资金进入和退出调节机制的非对称性是当前制造业企业负债率居高不下的根本原因。本书揭示的在不同需求冲击下企业债务融资的市场行为规律，为当前不断加深的国际贸易摩擦以及需求收缩期供给侧结构性改革的政策制定提供以下建议。

（1）尊重债务融资行为的市场规律，建立事前、事后一体政策机制，合理引导企业市场预期

在负向需求冲击下，市场机制对存量债务清偿引导作用的失效是当前制造业企业债务上升的主要原因，那么要完成供给侧结构性改革中去杠杆的目标，与事后治理相比，更需要考虑的是如何建立债务过度进入的事前预防政策机制。在市场快速扩张时期，在保障企业快速健康发展的同时，应建立起投资和负债风险预警机制，合理引导企业市场预期，避免由信息不对称及企业管理层的非理性决策行为所导致的企业过度投资和过度负债的行为，减少企业在经济运行中的"试错"成本。时刻树立风险防范意识是避免市场收缩期企业存量债务出现大规模违约的有力保障。

处于市场收缩阶段的企业，要加快清理工作，完善上市企业的退市机制，要坚决遏制此类企业通过资产重组、政府补贴等方式强行留在资本市场长期无效占用信贷资源的情况，加快事后清理的速度，提高事后处理效率。

（2）稳定有效投资，加快培育完整内需体系

在当前"需求收缩、供给冲击、预期转弱"三重压力下，良好的

国内经济基本面是稳定实体经济的关键。稳定有效投资不仅有助于释放内需潜力，更有助于释放企业的债务风险。因此，对于关键领域和薄弱产业的定向投资引导尤为重要。一方面，在中国经济新旧动能转换的机遇下，通过定向的重大项目投资新基建，有效释放新基建的内需潜力，畅通国内大循环；另一方面，针对目前暴露出的中国供应链和产业链中的薄弱产业提供精准的补贴性支持和融资便利，鼓励企业投资新技术，布局新产能，建立新盈利增长点，释放企业债务风险。现阶段的制造业"稳杠杆"工作应依托产业升级和新动能转化，容忍杠杆短期内的适度上升为长期杠杆稳定打下基础。

（3）促进"有为政府"与"有效市场"合力，提升债务融资配置效率

对于当前已经存在的企业部门高杠杆问题，仅寄希望于依靠市场调节机制引导企业降低负债，事实证明是不够的。在负向需求冲击下，要严格遵循让市场对资源配置起决定性作用，让政府更好地发挥作用的基本思想，在尊重市场调节机制规律和特征的基础上，通过有效的政府政策引导企业的市场预期，调整企业行为对市场的反应函数，科学运用政策调控手段弥补市场机制对债务清偿引导作用"失灵"的不足，避免简单依靠行政手段让企业被动去杠杆，实现市场机制与政策调控机制的有机结合。

（4）优化财政支出结构，促进资产合理配置

相较于投资刺激政策，通过扩大社会保障性支出拉动居民消费需求更有利于企业资产和债务资本的合理布局。为了实现"稳杠杆"与"稳经济"的平衡，在实施积极的财政政策提振经济时，应注意优化财政支出结构，实施以社会保障性支出为核心的财政支出政策，充分发挥社会保障性支出政策在供给侧资产配置优化方面的积极作用。

特别需要指出的是，在实施积极的投资建设性支出政策时，政策

性需求缺口与信贷资源往往被大型企业、国有企业，尤其是资产运营效率低下的大型企业、国有企业无效占用，从而对规模较小、非国有企业的融资产生"挤出效应"。因此，在政府实施投资刺激政策时，需要配以政府补贴、税收减免等更具指向性的财政政策以及精准的金融支持政策，合理引导资金的流向和聚集。为小规模和非国有企业的发展营造良好融资环境，保证资产运营高效的小规模和非国有企业能够获得必要的发展资金，从而缓解非金融企业部门结构性高杠杆问题。

参考文献

白让让，2016，《竞争驱动、政策干预与产能扩张——兼论"潮涌现象"的微观机制》，《经济研究》第 11 期。

曹春方等，2014，《财政压力、晋升压力、官员任期与地方国企过度投资》，《经济学》（季刊）第 4 期。

董恺强，2020，《制造业投资和产能的市场配置机制研究》，博士学位论文，吉林大学。

方福前、刑炜，2017，《经济波动、金融发展与工业企业技术进步模式的转变》，《经济研究》第 12 期。

方军雄，2007，《所有制、制度环境与信贷资金配置》，《经济研究》第 12 期。

冯明，2016，《宏观债务管理的政策框架及其结构性去杠杆》，《改革》第 7 期。

付连军、王文举，2015，《外部经济冲击对企业负债影响的博弈分析》，《首都经济贸易大学学报》第 4 期。

甘丽凝等，2015，《大型投资与资本结构动态调整——基于中国上市公司的经验证据》，《会计研究》第 9 期。

韩国高等，2011，《中国制造业产能过剩的测度、波动及成因研究》，《金融研究》第 12 期。

郝颖、辛清泉、刘星，2014，《地区差异、企业投资与经济增长质量》，《经济研究》第 3 期。

洪朝伟，2018，《中国去杠杆可行性探讨——国际比较与对策研究》，《新金融》第 2 期。

洪锡熙、沈艺峰，2000，《我国上市公司资本结构影响因素的实证分析》，《厦门大学学报》（哲学社会科学版）第 3 期。

胡亚茹等，2018，《融资约束、企业研发投入的周期性与平滑机制——基于企业所有制视角》，《产业经济研究》第 2 期。

黄海杰等，2016，《"四万亿投资"政策对企业投资效率的影响》，《会计研究》第 2 期。

黄辉，2009，《制度导向、宏观经济环境与企业资本结构调整——基于中国上市公司的经验证据》，《管理评论》第 3 期。

黄群慧，2014，《"新常态"，工业化后期与工业增长新动力》，《中国工业经济》第 10 期。

黄少卿、陈彦，2017，《中国僵尸企业的分布特征与分类处置》，《中国工业经济》第 3 期。

纪敏等，2017，《杠杆率结构、水平和金融稳定——理论分析框架和中国经验》，《金融研究》第 2 期。

纪志宏等，2014，《地方官员晋升激励与银行信贷——来自中国城市商业银行的经验证据》，《金融研究》第 1 期。

贾俊雪等，2017，《多维晋升激励对地方政府举债行为的影响》，《中国工业经济》第 7 期。

贾帅帅、徐滇庆，2016，《产能过剩悖论与中国投资扩张之谜——一个新的解释》，《经济学家》第 11 期。

姜付秀等，2008，《产品市场竞争与资本结构动态调整》，《经济研究》第 4 期。

姜付秀、刘志彪，2005，《经济波动中的资本结构与产品市场竞争》,《金融研究》第 12 期。

蒋殿春,2003,《中国上市公司资本结构和融资倾向》,《世界经济》第 7 期。

蒋海霞、张永庆,2017,《中国非金融企业部门债务现状及影响因素分析》,《中国发展》第 4 期。

蒋灵多、陆毅,2018,《市场竞争加剧是否助推国有企业加杠杆》,《中国工业经济》第 11 期。

李彬,2013,《非理性投资行为、债务稳健性与资本结构动态调整》,《经济科学》第 4 期。

李建军、张书瑶,2018,《税收负担、财政补贴与企业杠杆率》,《财政研究》第 5 期。

李晚晴、田野,2018,《我国企业部门杠杆率及其债务风险的辩证分析》,《金融监管研究》第 2 期。

李永友、严岑,2018,《服务业"营改增"能带动制造业升级吗?》,《经济研究》第 4 期。

林毅夫,2007,《潮涌现象与发展中国家宏观经济理论的重新构建》,《经济研究》第 1 期。

林毅夫,2010,《潮涌现象与产能过剩的形成机制》,《经济研究》第 10 期。

林毅夫、李永军,2001,《中小金融机构发展与中小企业融资》,《经济研究》第 1 期。

刘晓光、张杰平,2016,《中国杠杆率悖论——兼论货币政策"稳增长"和"降杠杆"真的两难吗》,《财贸经济》第 7 期。

刘星等,2016,《融资约束还是需求冲击?——金融危机期间中国上市公司资本投资研究》,《金融研究》第 11 期。

刘星、彭程,2007,《基于企业投融资决策协同互动的实物期权分析》,《系统工程》第 4 期。

刘星、彭程,2009,《负债融资与企业投资决策:破产风险视角的互动关系研究》,《管理工程学报》第 1 期。

刘一楠、宋晓玲,2018,《杠杆失衡、信贷错配与结构性去杠杆——一个动态随机一般均衡分析框架》,《中央财经大学学报》第 8 期。

娄飞鹏,2017,《非金融部门杠杆率现状与去杠杆建议》,《西南金融》第 7 期。

陆岷峰、葛和平,2016,《供给侧改革下商业银行机遇、使命与对策》,《西南金融》第 3 期。

陆正飞等,2015,《谁更过度负债:国有企业还是非国有企业?》,《经济研究》第 12 期。

陆正飞、辛宇,1998,《上市公司资本结构主要影响因素之实证研究》,《会计研究》第 8 期。

吕峻、石荣,2014,《宏观经济因素对公司资本结构影响的研究——兼论三种资本结构理论的关系》,《当代经济科学》第 6 期。

吕炜等,2016,《投资建设性支出还是保障性支出——去杠杆背景下的财政政策实施研究》,《中国工业经济》第 8 期。

骆祚炎、陈博杰,2018,《高低杠杆下货币政策冲击效应与去杠杆过程中的货币政策平稳性——基于 DSGE 模型的金融加速器效应检验》,《财贸研究》第 8 期。

马建堂等,2016,《中国的杠杆率与系统性金融风险防范》,《财贸经济》第 1 期。

马勇、陈雨露,2017,《金融杠杆、杠杆波动与经济增长》,《经济研究》第 6 期。

闵亮、沈悦,2011,《宏观冲击下的资本结构动态调整——基于融资约束的差异性分析》，《中国工业经济》第 5 期。

潘敏、郭厦，2009，《资本结构动态权衡理论述评》，《经济学动态》第 3 期。

彭程等，2007，《负债融资与企业投资决策的互动关系：税收因素视角的实证研究》，《经济科学》第 4 期。

彭程等，2011，《企业投融资决策内生机制的实证研究：税收利益与破产成本的视角》，《经济经纬》第 3 期。

彭程等，2016，《企业投资支出与负债融资相互关系：基于同期互动机制的实证研究》，《云南财经大学学报》第 6 期。

任啸、曹洪，2007，《不确定需求下企业资本结构的选择》，《华中科技大学学报》（社会科学版）第 1 期。

任泽平、冯赟，2016，《供给侧改革去杠杆的现状、应对、风险与投资机会》，《发展研究》第 3 期。

沈根祥、朱平芳，1999，《上市公司资本结构决定因素实证分析》，《数量经济技术经济研究》第 5 期。

沈利生，1999，《我国潜在经济增长率变动趋势估计》，《数量经济技术经济研究》第 12 期。

舒长江等，2020，《货币政策冲击对异质性企业杠杆率的微观效应》，《金融论坛》第 8 期。

舒海棠、万良伟，2015，《市场化水平、宏观经济周期与债务结构关系的实证研究——基于融资约束的差异性分析》，《金融与经济》第 1 期。

苏冬蔚、曾海舰，2009，《宏观经济因素与公司资本结构变动》，《经济研究》第 12 期。

苏坤、金帆，2012，《制度环境、产权性质与资本结构》，《证券市场导报》第 8 期。

苏启林等，2016，《市场冲击、要素扭曲配置与生产率损失——基于出口企业订单波动的经验研究》，《经济研究》第 8 期。

孙巍等，2008，《现阶段工业产能过剩"窖藏效应"的数理分析及其实证检验》，《吉林大学社会科学学报》第 1 期。

孙巍等，2020，《外生冲击、融资模式选择与制造业升级——兼论经贸摩擦和新冠肺炎疫情下的金融供给侧改革》，《上海财经大学学报》第 4 期。

孙巍、董文宇，2019，《市场冲击与企业投资的创新效应研究——兼论去杠杆和贸易战对"中国创造"进程的潜在影响》，《中央财经大学学报》第 8 期。

孙巍、苏鹏，2013，《引入收入变迁因素的 AIDS 模型的扩展及实证检验》，《数理统计与管理》第 4 期。

孙巍、张子健，2020，《产能配置的市场传导机制与政策效应——来自中国钢铁行业的证据》，《数理统计与管理》第 1 期。

孙铮等，2005，《市场化程度、政府干预与企业债务期限结构——来自我国上市公司的经验证据》，《经济研究》第 5 期。

谭之博、周黎安，2015，《官员任期与信贷和投资周期》，《金融研究》第 6 期。

汤丹沁，2008，《产品市场需求与寡头企业的资本结构决策》，《产业经济研究》第 5 期。

童盼、陆正飞，2005，《负债融资、负债来源与企业投资行为——来自中国上市公司的经验证据》，《经济研究》第 5 期。

王朝才等，2016，《财政政策、企业性质与资本结构动态调整——基于 A 股上市公司的实证研究》，《财政研究》第 9 期。

王瑞云、段华友，2018，《中小企业债务结构影响因素实证分析》，《现代商业》第 15 期。

王宇伟等，2018，《宏观政策、金融资源配置与企业部门高杠杆率》，《金融研究》第 1 期。

王宇、杨娉，2016，《我国高杠杆的成因及治理》，《南方金融》第 1 期。

王正位等，2007，《资本市场磨擦与资本结构调整——来自中国上市公司的证据》，《金融研究》第 6 期。

吴永钢、杜强，2018，《中国债务杠杆形成机制的理论与实证研究》，《南开学报》（哲学社会科学版）第 5 期。

伍中信等，2013，《信贷政策与企业资本结构——来自中国上市公司的经验证据》，《会计研究》第 3 期。

向静等，2004，《啄食顺序理论与中国未上市国有企业资本结构实证分析》，《经济体制改革》第 1 期。

肖泽忠、邹宏，2008，《中国上市公司资本结构的影响因素和股权融资偏好》，《经济研究》第 6 期。

肖作平，2003，《资本结构影响因素：理论和证据》，《证券市场导报》第 6 期。

肖作平、吴世农，2002，《我国上市公司债务结构影响因素实证研究》，《证券市场导报》第 8 期。

邢天才、袁野，2013，《我国上市公司资本结构动态调整的实证研究》，《财经问题研究》第 5 期。

修宗峰、黄柏建，2013，《市场化改革、过度投资与企业产能过剩——基于我国制造业上市公司的经验数据》，《经济管理》第 7 期。

徐朝阳、周念利，2015，《市场结构内生变迁与产能过剩治理》，《经济研究》第 2 期。

徐晓慧等，2017，《目标市场负向需求冲击影响企业跨国并购的机理与实证》，《经济理论与经济管理》第 3 期。

杨雪峰，2018，《去杠杆背景下的流动性危机研究》，《世界经济研究》第 11 期。

曾海舰、苏冬蔚，2010，《信贷政策与公司资本结构》，《世界经济》第 8 期。

曾令涛、汪超，2015a，《货币政策冲击对企业资本结构的异质性与结构性影响——基于 A 股上市公司的实证研究》，《中央财经大学学报》第 2 期。

曾令涛、汪超，2015b，《地方财政刺激会影响企业的资本结构吗？——基于 A 股上市公司的实证研究》，《中央财经大学学报》第 12 期。

曾令涛、汪超，2015c，《地方财政支出对本地上市公司资本结构的影响探析》，《商业经济研究》第 15 期。

张茉楠，2013，《中国企业高杠杆率堪忧》，《中国经济和信息化》第 19 期。

章之旺、张正堂，2008，《基于公司特征的财务困境成本影响因素研究》，《中南财经政法大学学报》第 3 期。

赵红梅、王卫星，2010，《金融危机下我国不同财务状况上市公司投资规模的研究》，《会计之友》第 34 期。

赵天宇、孙巍，2015，《宏观环境、预期市场状态与中国制造业投资及产能调整——来自上市公司样本的经验研究》，《商业研究》第 6 期。

赵宇，2019，《官员晋升激励与企业负债——地级市层面的经验分析》，《经济管理》第 4 期。

钟宁桦等，2016，《我国债务结构的结构性问题》，《经济研究》第 7 期。

周黎安，2007，《中国地方官员的晋升锦标赛模式研究》，《经济研究》第 7 期。

周雪光，2005，《"逆向软预算约束"：一个政府行为的组织分析》，《中国社会科学》第 2 期。

周泽江、修宗峰，2017，《金融生态环境、债务治理与企业产能利用——基于中国 A 股制造业上市公司的经验证据》，《厦门大学学报》（哲学社会科学版）第 6 期。

〔日〕植草益等，2000，《日本的产业组织：理论与实证前沿》，锁箭译，经济管理出版社。

Aghion, P. , Askenazy, P. , Berman, N. , et al. , 2012, "Credit constraints and the cyclicality of R&D investment: Evidence from France", *Journal of the European Economic Association* 10 （5）, pp. 1001-1024.

Baxter, N. D. , 1967, "Leverage, risk of ruin and the cost of capital", *The Journal of Finance* 22 （3）, pp. 395-403.

Bernanke, B. , Gertler, M. , 1989, "Agency costs, net worth, and business fluctuations", *American Economic Review* 79 （1）, pp. 14-31.

Bloom, N. , 2000, "The real options effect of uncertainty on investment and labor demand", IFS Working Paper, No. W00/15.

Bolton, P. , Scharfstein, D. , 1990, "A theory of predation based on agency problems in financial contracting", *American Economic Review* 80, pp. 93-106.

Brander, J. , Lewis, T. , 1986, "Oligopoly and financial structure: The limited liability effect", *American Economic Review* 76, pp. 956-970.

Brennan, M. J. , Schwartz, E. S. , 1984, "Optimal financial policy and firm valuation", *The Journal of Finance* 39 （3）, pp. 593-607.

Caskey, J. , Hughes, J. S. , Liu, J. , 2012, "Leverage, excess leverage and future returns", *Social Science Electronic Publishing* 17 （2）, pp. 443-471.

Chen, J. J. , 2004, "Determinants of capital structure of Chinese-listed companies", *Journal of Business Research* 57 (12), pp. 1341–1351.

Dammon, R. M. , Senbet, L. W. , 1988, "The effect of taxes and depreciation on corporate investment and financial leverage", *Journal of Finance* 43, pp. 357–373.

DeAngelo, H. , Masulis, R. D. , 1980, "Optimal capital structure under corporate and personal taxation", *Journal of Financial Economics* 8 (1), pp. 3–29.

Devereux, M. B. , Yetman, J. , 2010, "Financial deleveraging and the international transmission of shocks", *The International Financial Crisis and Policy Challenges in Asia and the Pacific* 52, pp. 274–298.

Dhrymes, P. J. , Kurz, M. , 1967, "Investment, dividend, and external finance behavior of firms", *Determinants of Investment Behavior*, pp. 427–485.

Ding, S. , Kim, M. , Zhang, X. , 2018, "Do firms care about investment opportunities? Evidence from China", *Journal of Corporate Finance* 52, pp. 214–237.

Dixit, A. K. , Pindyck, R. S. , 1994, *Investment under Uncertain*, Princeton University Press, pp. 659–681.

Dotan, A. , Ravid, S. A. , 1985, "On the interaction of real and financial decisions of the firm under uncertainty", *The Journal of Finance* (40), pp. 501–517.

Duchin, R. , Ozbas, O. , Sensoy, B. A. , 2010, "Costly external finance, corporate investment, and the subprime mortgage credit crisis", *Journal of Financial Economics* 97 (3), pp. 418–435.

Fama, E. F. , French, K. R. , 2002, "Testing trade-off and pecking order predictions about dividends and debt", *Review of Financial Studies* 15 (1), pp. 1-33.

Faulkender, M., Flannery, M. J., Hankins, K. W., 2012, "Cash flows and leverage adjustments", *Journal of Financial Economics* 103 (3), pp. 632-646.

Fischer, E. O., Heinkel, R., Zechner, J., 1989, "Dynamic capital structure choice: Theory and tests", *The Journal of Finance* 44 (1), pp. 19-40

Fisher, I., 1933, "The debt-deflation theory of great depressions", *Econometrica* 1 (4), pp. 337-357.

Flannery, M. J., Rangan, K. P., 2006, "Partial adjustment toward target capital structures", *Journal of Financial Economics* 79 (3), pp. 469-506.

Gertler, B. M., Agency, C., 1989, "Net worth, and business fluctuations", *The American Economic Review* 79 (1), pp. 14-31.

Gertler, M., Gilchrist, S., 1994, "Monetary policy, business cycles, and the behavior of small manufacturing firms", *The Quarterly Journal of Economics* 109 (2), pp. 309-340.

Graham, J. R., Harvey, C. R., 2001, "The theory and practice of corporate finance: Evidence from the field", *Journal of Financial Economics* 60, pp. 187-243.

Hackbarth, D., Miao, J., Morellec, E., 2006, "Capital structure, credit risk and macroeconomic conditions", *Journal of Financial Economics* 82, pp. 519-550.

Heaton, J. B., 2002, "Managerial optimism and corporate finance", *Financial Management* 31, pp. 33-45.

Huang, G., Song, F. M., 2006, "The determinants of capital structure: Evidence from China", *China Economic Review* 17 (1), pp. 14-36.

Huizinga, J., 1993, "Inflation uncertainty, relative price uncertainty, and investment in US manufacturing", *Journal of Money Credit and Banking* 25 (3), pp. 521-549.

Jensen, M. C., Meckling, W. H., 1976, "Theory of the firm: Managerial behavior, agency costs and ownership structure", *Journal of Financial Economics* 3 (4), pp. 305-360.

Jesse, R. R., 1986, "On the retention of finished goods inventory when reorder-occurrence is uncertain", *Journal of Operations Management* 6 (2), pp. 149-157.

Johansson, A. C., Feng, X., 2016, "The state advances, the private sector retreats? Firm effects of China's great stimulus programme", *Cambridge Journal of Economics* 40 (6), pp. 1635-1668.

Jong, A., Nguyen, T. T., Dijk, V., 2007, "Strategic debt: Evidence from bertrand and cournot competition", ERIM Report Series.

Khwaja, A. I., Mian, A., 2005, "Do lenders favor politically connected firms? Rent provision in an emerging financial market", *Quarterly Journal of Economics* 120 (4), pp. 1371-1411.

Korajczyk, R., Levy, A., 2003, "Capital structure choice: Macroeconomic conditions and financial constraints", *Journal of Financial Economics* 68 (1), pp. 75-109.

Kraus, A., Litzenberger, R. H., 1973, "A state preference model of optimal financial leverage", *The Journal of Finance* 28 (4), pp. 911-922.

Leary, M. T., Roberts, M. R., 2005, "Do firms rebalance their capital structures?", *The Journal of Finance* 60 (6), pp. 2575-2619.

Levy, A., Hennessy, C., 2007, "Why does capital structure choice vary with macroeconomic conditions?", *Journal of Monetary Economics* 54 (6), pp. 1545–1564.

Li, K., Yue, H., Zhao, L., 2009, "Ownership, institutions, and capital structure: Evidence from China", *Journal of Comparative Economics* 37 (3), pp. 471–490.

Lin, C., Phillips, R. D., Smith, D., 2008, "Hedging, financing, and investment decisions: Theory and empirical tests", *Journal of Banking & Finance* 32, pp. 1566–1582.

Maksimovic, V., Titman, S., 1991, "Financial policy and reputation for product quality", *Review of Financial Studies* 4 (1), pp. 175–200.

Maksimovic, V., Zechner, J., 1991, "Debt, agency costs, and industry equilibrium", *Journal of Finance* 46 (5), pp. 1619–1643.

McDonald, J. G., Jacquillat, B., Mussenbaum, M., 1975, "Dividend, investment and financing decisions: Empirical evidence on french firms", *Journal of Financial and Quantitative Analysis* 10 (5), pp. 741–755.

Miller, M. H., 1977, "Debt and taxes", *The Journal of Finance* 32 (2), pp. 261–275.

Minsky, H. P., 1982, "Can 'it' happen again? A Reprise", *Challenge* 25 (3), pp. 5–13.

Modigliani, F., Miller, M. H., 1958, "The cost of capital, corporation finance and the theory of investment", *The American Economic Review* 48 (3), pp. 261–297.

Modigliani, F., Miller, M. H., 1963, "Corporate income taxes and the cost of capital: A correction", *The American Economic Review* 53 (3), pp. 433-443.

Moore, D. A. , Kim, T. G. , 2003, "Myopic social prediction and the solo comparison effect", *Journal of Personality and Social Psychology* 85 (6), pp. 1121-1135.

Myers, S. C. , Majluf, N. S. , 1984, "Corporate financing and investment decisions when firms have information that investors do not have", *Journal of Financial Economics* 13, pp. 187-221.

Narayanan, M. P. , 1985, "Managerial incentives for short-term results", *The Journal of Finance* 40 (5), pp. 1469-1484.

Nofsinger, J. R. , 2005, "Social mood and financial economics", *Journal of Behavioral Finance* 6, pp. 144-160.

Pan, S. , Shi, K. , Wang, L. , et al. , 2017, "Excess liquidity and credit misallocation: Evidence from China", *China Economic Journal* 10 (3), pp. 265-286.

Peterson, P. P. , Benesh, G. A. , 1983, "A reexamination of the empirical relationship between investment and financing decisions", *Journal of Financial and Quantitative Analysis*, 18 (4), pp. 439-453.

Peterson, P. P. , 1980, "Are examination of seemingly unrelated regressions methodology applied to estimation of financial relationships", *Journal of Finance Research* 3 (3), pp. 297-308.

Qian, Y. , Tian, Y. , Tony, S. W. , 2009, "Do Chinese publicly listed companies adjust their capital structure toward a target level? ", *China Economic Review* 20 (4), pp. 662-676.

Richardson, S. , 2006, "Over-investment of free cash flow", *Review of Accounting Studies* 11, pp. 159-189.

Robichek, A. A. , Myers, S. C. , 1966, "Problems in the theory of optimal capital structure", *Journal of Financial and Quantitative Analysis* 1 (2), pp. 1-35.

Ross, S. A., 1977, "The determination of financial structure: The incentive-signalling approach", *The Bell Journal of Economics* 8 (1), pp. 23-40.

Shleifer, A., Vishny, R. W., 1992, "Liquidation values and debt capacity: A market equilibrium approach", *Journal of Finance* 47 (4), pp. 1343-1366.

Showalter, D., 1995, "Oligopoly and financial structure: Comment", *The American Economic Review* 85 (3), pp. 647-653.

Spence, A. M., 1977, "Entry, capacity, investment and oligopolistic pricing", *The Bell Journal of Economics* 8 (2), pp. 534-544.

Strebulaev, I. A., 2007, "Do tests of capital structure theory mean what they say?", *The Journal of Finance* 62 (4), pp. 1747-1787.

Sun, W., Dong, K., Zhao, T., 2017, "Market demand dynamic induced mechanism in China's steel industry", *Resources Policy* 51, pp. 13-21.

Tsyplakov, S., Titman, S., 2007, "A dynamic model of optimal capital structure", *Review of Finance* 11 (3), pp. 401-451.

Welch, I., 2004, "Capital structure and stock returns", *Journal of Political Economy* 112, pp. 106-131.

Williamson, O. E., 1988, "Corporate finance and corporate governance", *Journal of Finance* 43 (3), pp. 567-591.

后　记

　　本书是在我近年来对企业资产配置与债务融资决策的研究以及相关发表的论文的基础上形成的。本书的出版得到了吉林财经大学一般项目"需求冲击下融资模式选择驱动企业创新的机理与实现路径"（2022YB028）的资助，在此表示衷心的感谢。

　　吉林大学商学院孙巍教授的指导与建议对本书起到了十分重要的作用。感谢社会科学文献出版社的编辑在本书审稿、编辑和校对过程中付出的辛勤劳动，让本书得以顺利出版。

　　特别要感谢我的家人。感谢父母在生活上的无私帮助，帮我操持家务、接送孩子，让我能够有更多时间潜心工作。还有我的丈夫和两个可爱的孩子，感谢你们的陪伴。

　　由于本人学识所限，书中难免出现错误和疏漏，恳请各位读者批评指正。

耿丹青

2024 年 3 月

图书在版编目（CIP）数据

中国制造业资产配置与债务融资／耿丹青著．--北
京：社会科学文献出版社，2024.5
ISBN 978-7-5228-2891-6

Ⅰ.①中… Ⅱ.①耿… Ⅲ.①制造工业-工业企业管
理-资产管理-研究-中国②制造工业-企业债务-企业
融资-研究-中国 Ⅳ.①F426.4

中国国家版本馆 CIP 数据核字（2023）第 226391 号

中国制造业资产配置与债务融资

著　　者／耿丹青

出 版 人／冀祥德
责任编辑／高　雁
责任印制／王京美

出　　版／社会科学文献出版社·经济与管理分社（010）59367226
　　　　　　地址：北京市北三环中路甲29号院华龙大厦　邮编：100029
　　　　　　网址：www.ssap.com.cn
发　　行／社会科学文献出版社（010）59367028
印　　装／三河市龙林印务有限公司

规　　格／开 本：787mm×1092mm　1/16
　　　　　　印 张：12.25　字 数：157千字
版　　次／2024年5月第1版　2024年5月第1次印刷
书　　号／ISBN 978-7-5228-2891-6
定　　价／138.00元

读者服务电话：4008918866